NAJLEPSZA INDYJSKA KSIĄŻKA KUCHENNA PUDEŁKO MASALA

Pełna przypraw podróż przez 100 aromatycznych przepisów

Maciej Kwiatkowski

Prawa autorskie ©2023

Wszelkie prawa zastrzeżone

Żadna część tej książki nie może być wykorzystywana ani rozpowszechniana w jakiejkolwiek formie i w jakikolwiek sposób bez odpowiedniej pisemnej zgody wydawcy i właściciela praw autorskich, z wyjątkiem krótkich cytatów użytych w recenzji. Niniejsza książka nie powinna być traktowana jako substytut porady lekarskiej, prawnej lub innej porady zawodowej.

SPIS TREŚCI

SPIS TREŚCI 3
WSTĘP 6
ŚNIADANIE 7
  1. Omlet Masala 8
  2. Upma 10
  3. Masala Dosa 12
  4. Chłodnica Chai 14
  5. Paratha nadziewana kalafiorem 16
  6. Chleb nadziewany szpinakiem 18
  7. Pikantna prażona pszenica z orzechami nerkowca 20
  8. Gorąca czekolada z przyprawami Chai 22
  9. Chai Kurdi 24
  10. Naleśniki południowoindyjskie 26
  11. Naleśniki z mąki z ciecierzycy 29
  12. Naleśniki z kremem pszennym 31
  13. Mieszanka Masala Tofu 33
  14. Słodkie naleśniki 35
  15. Owsianka Chai Latte 37
MAŁE TALERZE 39
  16. Przyprawiony popcorn z kuchenki 40
  17. Masala Papad 42
  18. Poha (spłaszczony ryż) z groszkiem 44
  19. Prażone orzechy masala 46
  20. Prażone migdały i orzechy nerkowca z przyprawami Chai ... 48
  21. Pieczone kwadraty warzywne 50
  22. Prażone orzechy chai przyprawione 52
  23. Poppersy z ciecierzycy 54
  24. Dip z pieczonego bakłażana 56
  25. Pikantne placki ze słodkich ziemniaków 59
  26. Kanapki z sałatką warzywną Sharon 62
  27. Jogurt sojowy Raita 64
  28. Hummus północnoindyjski 66
  29. Popcorn z przyprawami Chai 68
CIECIERZYCA, FASOLA I SOCZEWICA 70
  30. Pieczona fasola lub soczewica masala 71
  31. Szybki numerek Fasola lub soczewica masala 73
  32. Północnoindyjska fasola curry lub soczewica 75
  33. Fasola południowoindyjska z liśćmi curry 77
  34. Curry inspirowane Goanem z mlekiem kokosowym ... 79
  35. Rośliny strączkowe Chana Masala 81
  36. Fasola curry po pendżabsku 83
  37. Curry inspirowane płytą kuchenną Sambhar 85
  38. Wolno gotowana fasola i soczewica 87
  39. Chana i Split Moong Dal z płatkami pieprzu 89

WARZYWA **91**
   40. Przyprawione Tofu i Pomidory 92
   41. Hash ziemniaczany z kminkiem 94
   42. Hash ziemniaczany z gorczycą 96
   43. Kapusta pendżabska 98
   44. Kapusta z gorczycą i kokosem 100
   45. Fasolka szparagowa z ziemniakami 102
   46. Bakłażan z Ziemniakami 104
   47. Brukselka Masala 106
   48. Buraczki z gorczycą i kokosem 108
   49. Tarta dynia masala 110
   50. Bakłażan nadziewany nerkowcami 112
   51. Szpinak przyprawiony z „Paneerem" 115
   52. Curry Melon Zimowy 117
   53. Ziemniaki Kozieradko-Szpinakowe 119
   54. Trzeszcząca okra 121

SAŁATKI I DODATKI **123**
   55. Pikantna sałatka z fasoli 124
   56. Sałatka z kiełków mung mamy 126
   57. Sałatka uliczna z ciecierzycy Popper 128
   58. Uliczna sałatka z kukurydzy 130
   59. Sałatka z chrupiącej marchewki 132
   60. Granat Chaat 134
   61. Sałatka Owocowa Masala 136
   62. Ciepła sałatka północnoindyjska 138
   63. Zimna indyjska sałatka uliczna 140
   64. Sałatka pomarańczowa 142

ZUPY **144**
   65. Północnoindyjska zupa pomidorowa 145
   66. Zupa imbirowo-sojowa 147
   67. Zupa Seitan Mulligatawny 149
   68. Przyprawiona zielona zupa 152
   69. Południowoindyjska zupa pomidorowa i tamaryndowa 154
   70. Zupa z Soczewicy Przyprawionej (Zupa Masoor Dal) 156
   71. Zupa Pomidorowo-Kminkowa 158
   72. Pikantna Zupa Dyniowa 160
   73. Pikantny Rasam Pomidorowy 162
   74. Zupa kolendrowo-miętowa 164

CURRY **166**
   75. Curry dyniowe z pikantnymi pestkami 167
   76. Curry rybne z tamaryndowca 169
   77. Łosoś w curry o smaku szafranowym 171
   78. Okra Curry 173
   79. Curry warzywno-kokosowe 175
   80. Podstawowe curry warzywne 177
   81. Curry z kapusty 179

82. CURRY Z KALAFIORA 181
83. CURRY Z KALAFIORA I ZIEMNIAKÓW 183
84. CURRY MIESZANE Z WARZYWAMI I SOCZEWICĄ 185
85. CURRY ZIEMNIACZANO-KALAFIOROWO-POMIDOROWE 187
86. CURRY DYNIOWE 189
87. SMAŻYĆ WARZYWA 191
88. CURRY POMIDOROWE 193
89. CURRY Z BIAŁEJ DYNI 195
DESER **197**
   90. BABECZKI CHAI LATTE 198
   91. MASALA PANNA COTTA 202
   92. PUDDING RYŻOWY MASALA 204
   93. LODY CHAI 207
   94. SERNIK MASALA 210
   95. MASALA CHAI TIRAMISU 213
   96. CHAI PRZYPRAWA JABŁKOWA CRISP 216
   97. KHEER PRZYPRAWIONY KARDAMONEM (INDYJSKI PUDDING RYŻOWY) 219
   98. GULAB JAMUN 221
   99. PRZYPRAWIONE CIASTO MASALA CHAI 223
   100. CIASTECZKA CHAI Z PRZYPRAWAMI 225
WNIOSEK **227**

WSTĘP

W każdej kuchni indyjskiej pudełko masala to coś więcej niż tylko zbiór przypraw; to święte naczynie, w którym kryje się klucz do skarbnicy smaków, symfonia aromatów tańczących w powietrzu i paszport do kulinarnej podróży wzdłuż i wszerz subkontynentu.

Otwierając strony tej książki kucharskiej, wyobraź sobie tętniący życiem targ przypraw w Starym Delhi, gdzie powietrze przesycone jest mocnymi zapachami kminku, kolendry i kardamonu. Wyobraź sobie kuchnie domowych kucharzy w całych Indiach, gdzie przez wieki doskonalono sztukę stosowania przypraw, tworząc dania tak różnorodne jak sam kraj. „NAJLEPSZA INDYJSKA KSIĄŻKA KUCHENNA PUDEŁKO MASALA" to Twój bilet do kalejdoskopowego świata smaków, oferujący 100 aromatycznych przepisów, które oddają istotę indyjskich tradycji kulinarnych.

W naszych poszukiwaniach celebrujemy nie tylko składniki, ale także historie, tradycje i niuanse kulturowe, które sprawiają, że każde danie jest wyjątkowym wyrazem bogatego dziedzictwa Indii. Od ognistych curry z południa po aromatyczne biryani z północy, każdy przepis jest świadectwem kulinarnej różnorodności, która jednoczy ten rozległy i dynamiczny subkontynent.

Niezależnie od tego, czy jesteś doświadczonym szefem kuchni, który pragnie opanować zawiłości kuchni indyjskiej, czy też domowym kucharzem gotowym rozpocząć pełną smaku przygodę, ta książka kucharska będzie Twoim towarzyszem. Dołącz do mnie i odkrywajmy tajemnice pudełka masala, w którym alchemia przypraw przekształca skromne składniki w niezwykłe dzieła. Zagłębmy się w serce kuchni indyjskiej, gdzie każdy posiłek jest świętem, a każde danie hołdem złożonym kunsztowi łączenia przypraw.

Zatem od namaste i ciepłego powitania rozpocznijmy podróż – podróż przez tętniące życiem rynki, tętniące życiem ulice i kuchnie, w których ożywa magia masalas. Niech Twoja kuchnia wypełni się wibracją, ciepłem i niezapomnianymi smakami, które czynią kuchnię indyjską wieczną rozkoszą. Miłego gotowania!

ŚNIADANIE

1.Omlet Masala

SKŁADNIKI:
- 2-3 jajka
- 1/4 szklanki drobno posiekanej cebuli
- 1/4 szklanki posiekanych pomidorów
- 1-2 zielone chilli, posiekane
- 1/4 łyżeczki nasion kminku
- 1/4 łyżeczki kurkumy w proszku
- 1/4 łyżeczki czerwonego chili w proszku
- Sól dla smaku
- Posiekane liście kolendry do dekoracji

INSTRUKCJE:
a) W misce ubić jajka, dodać posiekaną cebulę, pomidory, zielone chilli, nasiona kminku, kurkumę w proszku, czerwone chili w proszku i sól.
b) Dobrze wymieszaj i wlej mieszaninę do gorącej, natłuszczonej patelni.
c) Smaż, aż omlet się zetnie, przewróć i smaż drugą stronę.
d) Udekoruj posiekanymi liśćmi kolendry i podawaj na gorąco.

2.Upma

SKŁADNIKI:
- 1 szklanka semoliny (sooji/rava)
- 1/2 łyżeczki nasion gorczycy
- 1/2 łyżeczki urad dal
- Liście curry
- 1/2 szklanki posiekanej cebuli
- 1 łyżeczka startego imbiru
- 1-2 zielone chilli, posiekane
- Mieszanka warzyw (marchew, groszek, fasola) - 1/2 szklanki
- 1/4 łyżeczki kurkumy w proszku
- Sól dla smaku
- Orzechy nerkowca do dekoracji
- Ghee do gotowania

INSTRUKCJE:
a) Smażyć semolinę na patelni, aż nabierze złocistobrązowego koloru. Odłożyć na bok.
b) Na drugiej patelni rozgrzej ghee i dodaj nasiona gorczycy, urad dal, liście curry, posiekaną cebulę, starty imbir i zielone chilli.
c) Dodaj mieszankę warzyw i smaż, aż będą częściowo ugotowane.
d) Dodać prażoną semolinę, kurkumę w proszku, sól i dobrze wymieszać.
e) Zalać gorącą wodą i cały czas mieszać, aby uniknąć grudek. Gotuj, aż upma będzie puszysta.
f) Na osobnej patelni upraż orzechy nerkowca na złoty kolor i dodaj do upmy przed podaniem.

3. Masala Dosa

SKŁADNIKI:

- Dosa ciasto
- 2-3 ziemniaki, ugotowane i zmiksowane
- 1/2 łyżeczki nasion gorczycy
- 1/2 łyżeczki urad dal
- Liście curry
- 1/2 szklanki posiekanej cebuli
- 1-2 zielone chilli, posiekane
- 1/4 łyżeczki kurkumy w proszku
- 1/2 łyżeczki garam masali
- Sól dla smaku
- Olej do gotowania dosa

INSTRUKCJE:

a) Na patelni rozgrzej olej, dodaj nasiona gorczycy, urad dal i liście curry.
b) Dodaj posiekaną cebulę, zielone chilli i smaż, aż cebula stanie się złotobrązowa.
c) Dodaj puree ziemniaczane, kurkumę w proszku, garam masala i sól. Dobrze wymieszaj.
d) Rozłóż ciasto dosa na gorącej patelni, dodaj łyżkę mieszanki ziemniaczanej i rozsmaruj na dosie.
e) Gotuj, aż dosa będzie chrupiąca. Podawać na gorąco z chutneyem kokosowym i sambarem.

4.Ch ai Cooler

SKŁADNIKI:
- ¾ szklanki chai, schłodzonego
- ¾ szklanki waniliowego mleka sojowego, schłodzonego
- 2 łyżki mrożonego koncentratu soku jabłkowego, rozmrożonego
- ½ banana, pokrojonego w plasterki i zamrożonego

INSTRUKCJE:
a) W blenderze połącz chai, mleko sojowe, koncentrat soku jabłkowego i banana.
b) Mieszaj, aż masa będzie gładka i kremowa.
c) Podawaj od razu.

5. Paratha nadziewana kalafiorem

SKŁADNIKI:
- 2 szklanki (300 g) startego kalafiora ¼ główki)
- 1 łyżeczka grubej soli morskiej
- ½ łyżeczki garam masali
- ½ łyżeczki kurkumy w proszku
- 1 partia podstawowego ciasta Roti

INSTRUKCJE:
a) W głębokiej misce wymieszaj kalafior, sól, garam masala i kurkumę.
b) Po zakończeniu nadzienia zacznij wałkować ciasto roti. Zacznij od przygotowania podstawowego ciasta Roti. Oderwij kawałek wielkości piłki golfowej (o średnicy około 5 cm) i zwiń go w dłoniach, aby uformować kulkę. Naciśnij go obiema dłońmi, aby lekko go spłaszczyć, i rozwałkuj na lekko posypanej mąką powierzchni, aż uzyska średnicę około 5 cali (12,5 cm).
c) Na środek rozwałkowanego ciasta nałóż porcję (czubatą łyżkę stołową) nadzienia kalafiorowego. Złóż je ze wszystkich stron tak, aby stykały się na środku, tworząc w zasadzie kwadrat. Obtocz lekko obie strony kwadratu w suchej mące.
d) Rozwałkuj je na powierzchni lekko posypanej mąką, aż będzie cienkie i okrągłe, o średnicy około 10 cali (25 cm). Może nie jest idealnie okrągły i część nadzienia może lekko wystawać, ale to wszystko jest w porządku.
e) Podgrzej tavę lub ciężką patelnię na średnim ogniu. Gdy będzie już gorąca, umieść parathas na patelni i podgrzewaj przez 30 sekund, aż będzie wystarczająco twarda, aby można ją było przewrócić, ale nie będzie całkowicie twarda ani wysuszona. Ten krok jest kluczowy do przygotowania naprawdę pysznych parath. Będzie wyglądać, jakby miało się zaraz ugotować, ale wciąż jest trochę surowe. Smaż przez 30 sekund po przeciwnej stronie. W międzyczasie lekko naoliwij stronę skierowaną do góry, przewróć ją na drugą stronę, lekko naoliwij drugą stronę i smaż z obu stron, aż lekko się zarumienią. Podawać natychmiast z masłem, słodkim jogurtem sojowym lub marynatą indyjską (achaar).

6.Chleb Nadziewany Szpinakiem

SKŁADNIKI:
- 3 szklanki (603 g) 100% pełnoziarnistej mąki chapati (atta)
- 2 szklanki (60 g) świeżego szpinaku, przyciętego i drobno posiekanego
- 1 szklanka (237 ml) wody
- 1 łyżeczka grubej soli morskiej

INSTRUKCJE:
a) W robocie kuchennym zmieszaj mąkę i szpinak. To stanie się kruchą mieszaniną.
b) Dodaj wodę i sól. Wyrabiaj, aż ciasto stanie się lepką kulą.
c) Przełóż ciasto do głębokiej miski lub na lekko posypany mąką blat i ugniataj przez kilka minut, aż będzie gładkie jak ciasto na pizzę. Jeśli ciasto jest klejące, dodaj trochę więcej mąki. Jeśli jest zbyt suche, dodaj trochę więcej wody.
d) Oderwij kawałek ciasta wielkości piłki golfowej (o średnicy około 5 cm) i rozwałkuj go w dłoniach, aby uformować kulkę. Naciśnij go obiema dłońmi, aby lekko go spłaszczyć, i rozwałkuj na lekko posypanej mąką powierzchni, aż uzyska średnicę około 5 cali (12,5 cm).
e) Podgrzej tavę lub ciężką patelnię na średnim ogniu. Gdy będzie już gorąca, umieść Parathę na patelni i podgrzewaj przez 30 sekund, aż będzie wystarczająco twarda, aby można ją było przewrócić, ale nie będzie całkowicie twarda ani wysuszona.
f) Smaż przez 30 sekund po przeciwnej stronie. W międzyczasie lekko naoliwij stronę skierowaną do góry, przewróć ją na drugą stronę, lekko naoliwij drugą stronę i smaż z obu stron, aż lekko się zarumienią.
g) Podawać natychmiast z masłem, słodkim jogurtem sojowym lub marynatą indyjską (achaar).

7. Pikantna krakingowa pszenica z orzechami nerkowca

SKŁADNIKI:
- 1 szklanka (160 g) prażonej pszenicy
- 1 łyżka oleju
- 1 łyżeczka nasion czarnej gorczycy
- 4–5 liści curry, grubo posiekanych
- ½ średniej żółtej lub czerwonej cebuli, obranej i pokrojonej w kostkę
- 1 mała marchewka, obrana i pokrojona w kostkę
- ½ szklanki (145 g) groszku, świeżego lub mrożonego
- 1–2 chili tajskie, serrano lub cayenne,
- ¼ szklanki (35 g) surowych orzechów nerkowca, prażonych na sucho
- 1 łyżeczka grubej soli morskiej
- 2 szklanki (474 ml) wrzącej wody
- Sok z 1 średniej cytryny

INSTRUKCJE:
a) Na mocno rozgrzanej patelni na średnim ogniu praż na sucho popękaną pszenicę przez około 7 minut, aż lekko się zarumieni. Przełożyć na talerz do ostygnięcia.
b) Rozgrzej olej w głębokiej, ciężkiej patelni na średnim ogniu.
c) Dodaj nasiona gorczycy i gotuj, aż zaczną skwierczeć, około 30 sekund.
d) Dodaj liście curry, cebulę, marchewkę, groszek i chili. Smaż przez 2 do 3 minut, od czasu do czasu mieszając, aż cebula zacznie się lekko rumienić.
e) Dodaj popękaną pszenicę, orzechy nerkowca i sól. Dobrze wymieszaj.
f) Do mieszaniny dodać wrzącą wodę. Rób to bardzo ostrożnie, bo będzie pryskać. Biorę pokrywkę dużej patelni i trzymam ją przed sobą prawą ręką, lewą nalewając wodę. Gdy tylko woda się tam znajdzie, zakładam pokrywkę i pozwalam mieszaninie osiąść na minutę. Alternatywnie możesz tymczasowo wyłączyć ogrzewanie na czas nalewania wody.
g) Gdy woda się wleje, zmniejsz ogień do małego i gotuj mieszaninę bez pokrywki, aż cały płyn zostanie wchłonięty.
h) Pod koniec gotowania dodać sok z cytryny. Załóż pokrywkę z powrotem na patelnię, wyłącz ogień i pozostaw mieszaninę na 15 minut, aby lepiej wchłonęła wszystkie smaki.
i) Podawać natychmiast z tostami posmarowanymi masłem, puree bananowym lub pikantnym chutneyem z zielonej papryczki chili.

8. Gorąca czekolada z przyprawami Chai

SKŁADNIKI:
- 2 szklanki mleka (mlecznego lub alternatywnego)
- 2 łyżki kakao w proszku
- 2 łyżki cukru (dostosuj do smaku)
- 1 łyżeczka liści herbaty chai (lub 1 torebka herbaty chai)
- ½ łyżeczki mielonego cynamonu
- ¼ łyżeczki mielonego kardamonu
- Szczypta mielonego imbiru
- Bita śmietana i szczypta cynamonu do dekoracji

INSTRUKCJE:

a) W rondlu podgrzej mleko na średnim ogniu, aż będzie gorące, ale nie wrzące.

b) Dodaj liście herbaty chai (lub torebkę) do mleka i pozostaw do zaparzenia na 5 minut. Usuń liście herbaty lub torebkę z herbatą.

c) W małej misce wymieszaj kakao, cukier, cynamon, kardamon i imbir.

d) Stopniowo dodawaj kakao do gorącego mleka, aż składniki dobrze się połączą i uzyskają gładką masę.

e) Kontynuuj podgrzewanie przyprawionej gorącej czekolady, mieszając od czasu do czasu, aż osiągnie żądaną temperaturę.

f) Rozlać do kubków, posypać bitą śmietaną i posypać cynamonem. Podawaj i ciesz się!

9.Chai Kurdi

SKŁADNIKI:
- 1 łyżka liści herbaty indyjskiej
- 1 cynamon; stick
- woda, wrząca
- Kostki cukru

INSTRUKCJE:
a) Herbatę i cynamon wsyp do imbryka i zalej wrzącą wodą.
b) Pozwól mu parzyć przez 5 minut.
c) Podawać gorące z kostkami cukru.

10. Południowoindyjskie naleśniki

SKŁADNIKI:
- 1 szklanka (190 g) brązowego ryżu basmati, oczyszczonego i umytego
- ¼ szklanki (48 g) całej czarnej soczewicy ze skórką
- 2 łyżki Split Gram (chana dal)
- ½ łyżeczki nasion kozieradki
- 1 łyżeczka grubej soli morskiej, podzielona
- 1 ½ szklanki (356 ml) wody
- Olej do smażenia na patelni odłożyć do małej miski
- ½ dużej cebuli, obranej i przekrojonej na pół (do przygotowania patelni)

INSTRUKCJE:
a) W dużej misce namocz ryż w dużej ilości wody.
b) W osobnej misce namocz czarną soczewicę, split gram i kozieradkę.
c) Do każdej miski dodaj ½ łyżeczki soli. Umieść każdą miskę w ciepłym miejscu (lubię trzymać je w wyłączonym piekarniku) z luźną pokrywką i namocz przez noc.
d) Rano odcedź i zachowaj wodę.
e) Zmiel soczewicę i ryż razem w mocnym blenderze. Stopniowo dodawaj do 1 ½ szklanki (356 ml) wody. (Możesz użyć zarezerwowanej wody do namaczania.)
f) Pozostaw ciasto na 6 do 7 godzin w lekko ciepłym miejscu (ponownie, takim jak wyłączony piekarnik), aby lekko przefermentowało.
g) Rozgrzej patelnię na średnim ogniu. Na patelnię wlej 1 łyżeczkę oleju i rozprowadź ją ręcznikiem papierowym lub ściereczką do naczyń.
h) Gdy patelnia się rozgrzeje, wbij widelec w nieprzeciętą, zaokrągloną część cebuli. Trzymając rączkę widelca, pocieraj patelnię przekrojoną połową cebuli w tę i z powrotem. Połączenie ciepła, soku z cebuli i oleju zapobiegnie sklejaniu się dosy. Nauczyłam się tego od przyjaciółki rodziny z południowych Indii, cioci Parvati, i naprawdę robi to różnicę na całym świecie. Trzymaj cebulę z włożonym widelcem pod ręką, aby móc ją ponownie wykorzystać pomiędzy porcjami.
i) Trzymaj z boku małą miskę oleju z łyżką, wykorzystasz ją później.
j) A teraz w końcu przejdźmy do gotowania! Nałóż około ¼ szklanki (59 ml) ciasta na środek gorącej, przygotowanej patelni. Tylną częścią chochli powoli wykonuj ruchy zgodnie z ruchem wskazówek zegara od środka do zewnętrznej krawędzi patelni, aż ciasto stanie się cienkie i będzie przypominało naleśnik.
k) Małą łyżką wlewaj cienkim strumieniem oliwę po okręgu wokół ciasta.
l) Gotuj dosę, aż lekko się zrumieni i lekko odejdzie od patelni. Odwróć i smaż drugą stronę. Gdy się zrumieni, podawaj natychmiast ułożone warstwami z przyprawionymi ziemniakami jeera lub cytrynowymi, chutneyem kokosowym i dodatkiem sambhar.

11. Naleśniki z mąki z ciecierzycy

SKŁADNIKI:

- 2 szklanki (184 g) gramowej mąki (besan) z ciecierzycy
- 1½ szklanki (356 g) wody
- 1 mała cebula, obrana i posiekana (około ½ szklanki [75 g])
- 1 kawałek korzenia imbiru, obrany i starty lub posiekany
- 1–3 zielone chili tajskie, serrano lub cayenne, posiekane
- ¼ szklanki (7 g) suszonych liści kozieradki (kasoori methi)
- ½ szklanki (8 g) świeżej kolendry, posiekanej
- 1 łyżeczka grubej soli morskiej
- ½ łyżeczki mielonej kolendry
- ½ łyżeczki kurkumy w proszku
- 1 łyżeczka czerwonego chili w proszku lub oleju cayenne do smażenia na patelni

INSTRUKCJE:

a) W głębokiej misce wymieszaj mąkę z wodą na gładką masę. Lubię zaczynać od trzepaczki, a następnie grzbietem łyżki rozbijać małe grudki mąki, które normalnie tworzą się.

b) Pozostaw mieszaninę na co najmniej 20 minut.

c) Dodać pozostałe składniki oprócz oleju i dobrze wymieszać.

d) Rozgrzej patelnię na średnim ogniu.

e) Dodaj ½ łyżeczki oleju i rozprowadź go na patelni grzbietem łyżki lub papierowym ręcznikiem. Możesz także użyć sprayu do gotowania, aby równomiernie pokryć patelnię.

f) Za pomocą chochli wlej ¼ szklanki (59 ml) ciasta na środek patelni. Tylną częścią chochli rozprowadzaj ciasto okrężnymi ruchami, zgodnie z ruchem wskazówek zegara, od środka w kierunku zewnętrznej strony patelni, aby utworzyć cienki, okrągły naleśnik o średnicy około 5 cali (12,5 cm).

g) Gotuj biedronkę, aż będzie lekko brązowa z jednej strony, około 2 minut, a następnie przewróć ją i smaż na drugiej stronie. Dociśnij szpatułką, aby środek również był ugotowany.

h) Ugotuj pozostałe ciasto, dodając w razie potrzeby olej, aby zapobiec przywieraniu.

i) Podawać z dodatkiem mojego miętowego lub brzoskwiniowego chutneyu.

12. Naleśniki z kremem pszennym

SKŁADNIKI:
- 3 szklanki (534 g) kremu pszennego (sooji)
- 2 szklanki (474 ml) niesłodzonego zwykłego jogurtu sojowego
- 3 szklanki (711 ml) wody
- 1 łyżeczka grubej soli morskiej
- ½ łyżeczki mielonego czarnego pieprzu
- ½ łyżeczki czerwonego chili w proszku lub cayenne
- ½ żółtej lub czerwonej cebuli, obranej i pokrojonej w drobną kostkę
- 1–2 zielone chili tajskie, serrano lub cayenne, posiekane
- Olej do smażenia na patelni odłożyć do małej miski
- ½ dużej cebuli, obranej i przekrojonej na pół (do przygotowania patelni)

INSTRUKCJE:
a) W głębokiej misce wymieszaj śmietankę pszenną, jogurt, wodę, sól, czarny pieprz i czerwone chili w proszku i odstaw na 30 minut, aby lekko przefermentowało.
b) Dodać pokrojoną w kostkę cebulę i chilli. Delikatnie wymieszaj.
c) Rozgrzej patelnię na średnim ogniu. Na patelnię wlej 1 łyżeczkę oleju.
d) Gdy patelnia się rozgrzeje, wbij widelec w nieprzeciętą, zaokrągloną część cebuli. Trzymając rączkę widelca, pocieraj patelnię przekrojoną połową cebuli w tę i z powrotem. Połączenie ciepła, soku z cebuli i oleju zapobiega sklejaniu się dosy. Trzymaj cebulę z włożonym widelcem pod ręką, aby móc ją ponownie wykorzystać pomiędzy porcjami. Gdy zacznie czernieć od patelni, po prostu cienko odetnij przód.
e) Trzymaj z boku małą miskę oleju z łyżką – użyjesz jej później.
f) A teraz w końcu przejdźmy do gotowania! Nałóż nieco więcej niż ¼ szklanki (59 ml) ciasta na środek gorącej, przygotowanej patelni. Tylną częścią chochli powoli wykonuj ruchy zgodnie z ruchem wskazówek zegara od środka do zewnętrznej krawędzi patelni, aż ciasto stanie się cienkie i będzie przypominało naleśnik. Jeśli mieszanina natychmiast zacznie wrzeć, po prostu lekko zmniejsz ogień.
g) Małą łyżką wlewaj cienkim strumieniem oliwę po okręgu wokół ciasta.
h) Gotuj dosę, aż lekko się zrumieni i zacznie odchodzić od patelni. Odwróć i smaż drugą stronę.

13. Mieszanka Masala Tofu

SKŁADNIKI:
- Opakowanie 14-uncjowe, wyjątkowo twarde organiczne tofu
- 1 łyżka oleju
- 1 łyżeczka nasion kminku
- ½ małej białej lub czerwonej cebuli, obranej i posiekanej
- 1 kawałek korzenia imbiru, obrany i starty
- 1–2 zielone chili tajskie, serrano lub cayenne, posiekane
- ½ łyżeczki kurkumy w proszku
- ½ łyżeczki czerwonego chili w proszku lub cayenne
- ½ łyżeczki grubej soli morskiej
- ½ łyżeczki czarnej soli
- ¼ szklanki (4 g) świeżej kolendry, posiekanej

INSTRUKCJE:

a) Rozdrobnij tofu w dłoniach i odłóż na bok.
b) Na ciężkiej, płaskiej patelni rozgrzej olej na średnim ogniu.
c) Dodaj kminek i gotuj, aż nasiona zaczną skwierczeć, około 30 sekund.
d) Dodać cebulę, korzeń imbiru, chili i kurkumę. Gotuj i smaż przez 1 do 2 minut, mieszając, aby zapobiec przypaleniu.
e) Dodaj tofu i dobrze wymieszaj, aby cała mieszanina zmieniła kolor na żółty od kurkumy.
f) Dodaj czerwone chili w proszku, sól morską, czarną sól (kala namak) i kolendrę. Dobrze wymieszaj.
g) Podawać z tostami lub zawinięte w ciepły wrap z roti lub paratha.

14. Słodkie Naleśniki

SKŁADNIKI:
- 1 szklanka (201 g) 100% pełnoziarnistej mąki chapati
- ½ szklanki (100 g) jaggery
- ½ łyżeczki nasion kopru włoskiego
- 1 szklanka (237 ml) wody

INSTRUKCJE:

a) Wszystkie składniki wymieszaj w głębokiej misce i odstaw ciasto na co najmniej 15 minut.

b) Rozgrzej lekko naoliwioną patelnię lub patelnię na średnim ogniu. Wlać lub nabierać ciasto na patelnię, używając około ¼ szklanki (59 ml) na każdą porcję. Sztuka polega na tym, aby delikatnie rozprowadzić ciasto tyłem chochli od środka, zgodnie z ruchem wskazówek zegara, nie rozrzedzając go zbytnio.

c) Smażyć z obu stron i podawać gorące.

15.Owsianka Chai Latte

SKŁADNIKI:
- 180 ml mleka półtłustego
- 1 łyżka jasnego, miękkiego brązowego cukru
- 4 otwarte strąki kardamonu
- 1 gwiazdka anyżu
- ½ łyżeczki mielonego imbiru
- ½ łyżeczki mielonej gałki muszkatołowej
- ½ łyżeczki mielonego cynamonu
- 1 saszetka owsiana

INSTRUKCJE:

a) W małym rondlu umieść mleko, cukier, kardamon, anyż i ¼ łyżeczki imbiru, gałki muszkatołowej i cynamonu i zagotuj, mieszając od czasu do czasu, aż cukier się rozpuści.

b) Przecedź do dzbanka, wyrzuć całe przyprawy, następnie wróć na patelnię i na zaparzonym mleku ugotuj płatki owsiane zgodnie z instrukcją na opakowaniu. Łyżką przełóż do miski.

c) Wymieszaj pozostałe ¼ łyżeczki imbiru, gałki muszkatołowej i cynamonu, aż uzyskasz równomierne połączenie, a następnie posyp wierzch owsianki, używając szablonu latte, aby stworzyć niepowtarzalny wzór, jeśli chcesz.

MAŁE TALERZE

16. Przyprawiony popcorn z kuchenki

SKŁADNIKI:

- 1 łyżka oleju
- ½ szklanki (100 g) niegotowanych ziaren popcornu
- 1 łyżeczka grubej soli morskiej
- 1 łyżeczka garam masala, chaat masala lub sambhar masala

INSTRUKCJE:

a) Na głębokiej, ciężkiej patelni rozgrzej olej na średnim ogniu.
b) Dodaj ziarna popcornu.
c) Przykryj patelnię i zmniejsz ogień do średniego.
d) Gotuj, aż trzaskający dźwięk ucichnie, od 6 do 8 minut.
e) Wyłącz ogień i pozostaw popcorn pod zamkniętą pokrywką na kolejne 3 minuty.
f) Posyp solą i masalą. Natychmiast podawaj.
g) Za pomocą szczypiec bierz po jednym papadzie i podgrzewaj go na płycie kuchennej. Jeśli masz kuchenkę gazową, gotuj ją bezpośrednio nad płomieniem, uważając, aby zdmuchnąć zapalające się kawałki. Ciągle obracaj je tam i z powrotem, aż wszystkie części będą ugotowane i chrupiące. Jeśli używasz kuchenki elektrycznej, podgrzej je na drucianej kratce ustawionej nad palnikiem i obracaj w sposób ciągły, aż będą chrupiące. Uważaj – łatwo się przypalają.
h) Ułóż papady w stosy i podawaj natychmiast jako przekąskę lub do obiadu.

17. Masala Papada

SKŁADNIKI:

- 1 (6–10 sztuk) opakowanie kupnego papadu (zrobionego z soczewicy)
- 2 łyżki oleju
- 1 średnia czerwona cebula, obrana i posiekana
- 2 średnie pomidory, pokrojone w kostkę
- 1–2 zielone chili tajskie, serrano lub cayenne, usunięte łodygi i drobno pokrojone
- 1 łyżeczka Chaat Masala
- Czerwone chili w proszku lub cayenne, do smaku

INSTRUKCJE:

a) Za pomocą szczypiec bierz po jednym papadzie i podgrzewaj go na płycie kuchennej. Jeśli masz kuchenkę gazową, gotuj ją bezpośrednio nad płomieniem, uważając, aby wydmuchać małe kawałki, które się zapalają. Najlepszym sposobem na ich ugotowanie jest ciągłe obracanie ich, aż wszystkie części będą ugotowane i chrupiące. Jeśli używasz kuchenki elektrycznej, podgrzej je na drucianej kratce ustawionej nad palnikiem i obracaj w sposób ciągły, aż będą chrupiące. Uważaj – łatwo się przypalają.

b) Połóż pappady na dużej tacy.

c) Za pomocą pędzla do ciasta delikatnie posmaruj każdy papad olejem.

d) W małej misce wymieszaj cebulę, pomidory i chili.

e) Nałóż 2 łyżki mieszanki cebulowej na każdy papad.

f) Posyp każdy papad odrobiną Chaat Masala i czerwonym chili w proszku. Natychmiast podawaj.

18. Poha (spłaszczony ryż) z groszkiem

SKŁADNIKI:
- 1 szklanka poha (spłaszczonego ryżu)
- 1/2 łyżeczki nasion gorczycy
- 1/2 łyżeczki nasion kminku
- 1/4 łyżeczki kurkumy w proszku
- 1/2 szklanki zielonego groszku
- Liście curry
- 2 łyżki orzeszków ziemnych
- 1/2 szklanki posiekanej cebuli
- 1-2 zielone chilli, posiekane
- Sok z cytryny do smaku
- Posiekane liście kolendry do dekoracji

INSTRUKCJE:
a) Opłucz poha i odłóż na bok.
b) Na patelni rozgrzej olej, dodaj nasiona gorczycy, kminek, liście curry i orzeszki ziemne.
c) Dodaj posiekaną cebulę, zielone chilli i smaż, aż cebula stanie się złotobrązowa.
d) Dodać kurkumę w proszku, zielony groszek i opłukaną poha. Dobrze wymieszaj.
e) Gotuj, aż poha się rozgrzeje. Przed podaniem dodaj sok z cytryny i udekoruj posiekanymi liśćmi kolendry.

19. Prażone Orzechy Masala

SKŁADNIKI:

- 2 szklanki (276 g) surowych orzechów nerkowca
- 2 szklanki (286 g) surowych migdałów
- 1 łyżka garam masala, chaat masala lub sambhar masala
- 1 łyżeczka grubej soli morskiej
- 1 łyżka oleju
- ¼ szklanki (41 g) złotych rodzynek

INSTRUKCJE:

a) Ustaw półkę piekarnika w najwyższej pozycji i rozgrzej piekarnik do 220°C (425°F). Blachę do pieczenia wyłóż folią aluminiową, aby ułatwić czyszczenie.

b) W głębokiej misce wymieszaj wszystkie składniki oprócz rodzynek, aż orzechy równomiernie pokryją się warstwą.

c) Ułóż mieszaninę orzechów w jednej warstwie na przygotowanej blasze do pieczenia.

d) Piecz przez 10 minut, delikatnie mieszając w połowie czasu gotowania, aby orzechy równomiernie się upiekły.

e) Wyjmij patelnię z piekarnika. Dodaj rodzynki i pozostaw mieszaninę do ostygnięcia na co najmniej 20 minut. Ten krok jest ważny. Ugotowane orzechy stają się gumowate, ale po ostygnięciu odzyskują chrupkość. Podawać od razu lub przechowywać w szczelnym pojemniku do miesiąca.

20. Prażone migdały i orzechy nerkowca przyprawione chai

SKŁADNIKI:
- 2 szklanki (276 g) surowych orzechów nerkowca
- 2 szklanki (286 g) surowych migdałów
- 1 łyżka Chai Masala
- 1 łyżka stołowa jaggery (gur) lub brązowego cukru
- ½ łyżeczki grubej soli morskiej
- 1 łyżka oleju

INSTRUKCJE:
a) Ustaw półkę piekarnika w najwyższej pozycji i rozgrzej piekarnik do 220°C (425°F). Blachę do pieczenia wyłóż folią aluminiową, aby ułatwić czyszczenie.
b) W głębokiej misce połącz wszystkie składniki i dobrze wymieszaj, aż orzechy zostaną równomiernie pokryte.
c) Ułóż mieszaninę orzechów w jednej warstwie na przygotowanej blasze do pieczenia.
d) Piec przez 10 minut, mieszając w połowie czasu gotowania, aby masa równomiernie się upiekła.
e) Wyjmij blachę do pieczenia z piekarnika i pozostaw mieszaninę do ostygnięcia na około 20 minut. Ten krok jest ważny. Ugotowane orzechy stają się gumowate, ale po ostygnięciu odzyskują chrupkość.
f) Podawać od razu lub przechowywać w szczelnym pojemniku do miesiąca.

21. Pieczone kwadraty warzywne

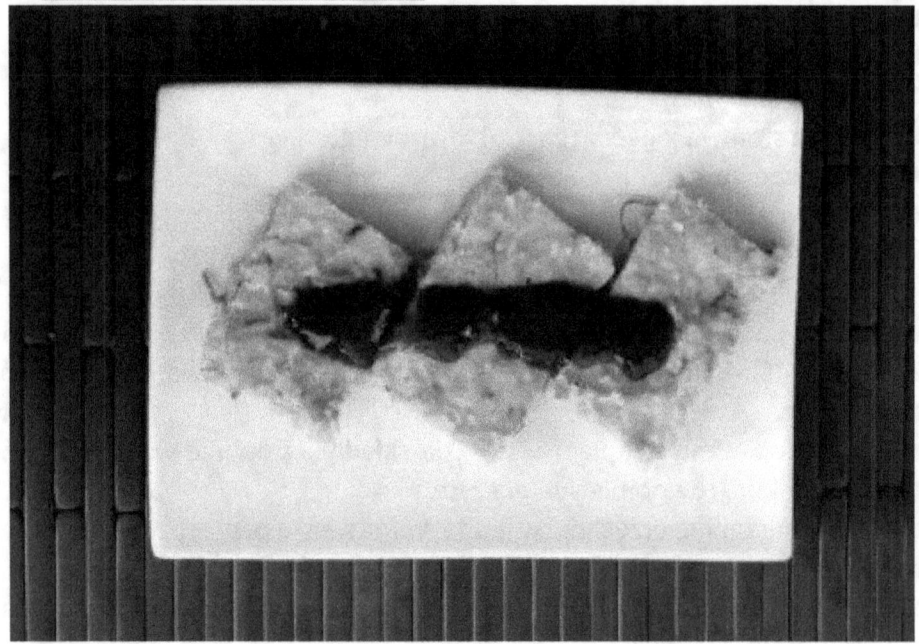

SKŁADNIKI:

- 2 szklanki (140 g) startej białej kapusty (½ małej główki)
- 1 szklanka (100 g) startego kalafiora (¼ średniej główki)
- 1 szklanka (124 g) startej cukinii
- ½ ziemniaka, obranego i startego
- ½ średniej żółtej lub czerwonej cebuli, obranej i pokrojonej w kostkę
- 1 kawałek korzenia imbiru, obrany i starty lub posiekany
- 3–4 zielone chili tajskie, serrano lub cayenne, posiekane
- ¼ szklanki (4 g) posiekanej świeżej kolendry
- 3 szklanki (276 g) gramowej mąki (besan) z ciecierzycy
- ½ 12-uncjowego opakowania jedwabistego tofu
- 1 łyżka grubej soli morskiej
- 1 łyżeczka kurkumy w proszku
- 1 łyżeczka czerwonego chili w proszku lub cayenne
- ¼ łyżeczki proszku do pieczenia
- ¼ szklanki (59 ml) oleju

INSTRUKCJE:

a) Ustaw półkę piekarnika w środkowej pozycji i rozgrzej piekarnik do 180°C. Naoliwić kwadratową formę do pieczenia o średnicy 25 cm. Jeśli chcesz cieńszą i bardziej chrupiącą pakorę, użyj większej formy do pieczenia.

b) W głębokiej misce wymieszaj kapustę, kalafior, cukinię, ziemniaki, cebulę, korzeń imbiru, chili i kolendrę.

c) Dodaj mąkę i powoli mieszaj, aż składniki dobrze się połączą. Pomocne jest użycie rąk, aby naprawdę połączyć wszystko w jedną całość.

d) W robocie kuchennym, blenderze lub blenderze o większej mocy zmiksuj tofu na gładką masę.

e) Dodaj zmiksowane tofu, sól, kurkumę, czerwone chili w proszku, proszek do pieczenia i olej do mieszanki warzywnej. Mieszać.

f) Wlać mieszaninę do przygotowanej formy do pieczenia.

g) Piec przez 45 do 50 minut, w zależności od tego, jak nagrzany jest piekarnik. Danie jest gotowe, gdy włożona w środek wykałaczka jest czysta.

h) Studzimy 10 minut i kroimy w kwadraty. Podawaj z ulubionym chutneyem.

22.Prażone Orzechy Chai Przyprawione

SKŁADNIKI:
- 4 szklanki niesolonych mieszanych orzechów
- ¼ szklanki syropu klonowego
- 3 łyżki roztopionego oleju kokosowego
- 2 łyżki cukru kokosowego
- 3 łyżeczki mielonego imbiru
- 2 łyżeczki mielonego cynamonu
- 2 łyżeczki mielonego kardamonu
- 1 łyżeczka zmielonego ziela angielskiego
- 1 łyżeczka czystego proszku waniliowego
- ½ łyżeczki soli
- ¼ łyżeczki czarnego pieprzu

INSTRUKCJE:
a) Rozgrzej piekarnik do 163°C (325°F). Wyłóż obramowaną blachę do pieczenia papierem pergaminowym i odłóż ją na bok.
b) W dużej misce wymieszaj wszystkie składniki oprócz orzechów. Dobrze wymieszaj, aby stworzyć aromatyczną mieszankę.
c) Dodaj zmieszane orzechy do miski i mieszaj, aż zostaną równomiernie pokryte przyprawioną mieszanką.
d) Rozłóż posypane orzechy równą warstwą na przygotowanej blasze do pieczenia.
e) Orzechy pieczemy w nagrzanym piekarniku przez około 20 minut. Pamiętaj, aby obrócić patelnię i wymieszać orzechy w połowie czasu pieczenia, aby zapewnić równomierne upieczenie.
f) Po zakończeniu wyjmij upieczone orzechy z piekarnika i poczekaj, aż całkowicie ostygną.
g) Przechowuj prażone orzechy z przyprawami chai w szczelnym pojemniku w temperaturze pokojowej, aby cieszyć się pyszną przekąską.

23. Poppersy z ciecierzycy

SKŁADNIKI:
- 4 szklanki gotowanej ciecierzycy lub 2 12-uncjowe puszki ciecierzycy
- 1 łyżka garam masala, chaat masala lub sambhar masala
- 2 łyżeczki grubej soli morskiej 2 łyżki oleju
- 1 łyżeczka czerwonego chili w proszku, pieprzu cayenne lub papryki, plus więcej do posypania

INSTRUKCJE:
a) Ustaw półkę piekarnika w najwyższej pozycji i rozgrzej piekarnik do 220°C (425°F). Blachę do pieczenia wyłóż folią aluminiową, aby ułatwić czyszczenie.
b) Ciecierzycę odcedzamy na dużym durszlaku przez około 15 minut, aby pozbyć się jak największej ilości wilgoci. Jeśli używasz puszki, najpierw spłucz.
c) W dużej misce delikatnie wymieszaj wszystkie składniki.
d) Przyprawioną ciecierzycę ułożyć w jednej warstwie na blasze do pieczenia.
e) Gotuj przez 15 minut. Ostrożnie wyjmij blachę z piekarnika, delikatnie wymieszaj, aby ciecierzyca równomiernie się upiekła i gotuj kolejne 10 minut.
f) Pozostawić do ostygnięcia na 15 minut. Posypać czerwonym chili, pieprzem cayenne lub papryką.

24.Dip z pieczonego bakłażana

SKŁADNIKI:

- 3 średnie bakłażany ze skórką (odmiana duża, okrągła, fioletowa)
- 2 łyżki oleju
- 1 czubata łyżeczka nasion kminku
- 1 łyżeczka mielonej kolendry
- 1 łyżeczka kurkumy w proszku
- 1 duża żółta lub czerwona cebula, obrana i pokrojona w kostkę
- 1 (5 cm) kawałek korzenia imbiru, obrany i starty lub posiekany
- 8 ząbków czosnku, obranych i startych lub posiekanych
- 2 średnie pomidory, obrane (jeśli to możliwe) i pokrojone w kostkę
- 1–4 zielone chili tajskie, serrano lub cayenne, posiekane
- 1 łyżeczka czerwonego chili w proszku lub cayenne
- 1 łyżka grubej soli morskiej

INSTRUKCJE:

a) Ustawić ruszt piekarnika na drugim najwyższym położeniu. Rozgrzej brojlera do 260°C (500°F). Blachę do pieczenia wyłóż folią aluminiową, żeby później nie było bałaganu.

b) W bakłażanie nakłuj dziury widelcem (aby uwolnić parę) i połóż je na blasze do pieczenia. Piec przez 30 minut, raz obracając. Po ich zakończeniu skóra zostanie zwęglona i spalona w niektórych obszarach. Wyjmij blachę do pieczenia z piekarnika i pozostaw bakłażana do ostygnięcia na co najmniej 15 minut. Ostrym nożem natnij wzdłuż wzdłuż od jednego końca każdego bakłażana do drugiego i lekko go rozsuń. Wyjmij pieczony miąższ ze środka, uważając, aby uniknąć pary i zachować jak najwięcej soku. Umieść pieczony miąższ bakłażana w misce – będziesz mieć około 4 filiżanek (948 ml).

c) Na głębokiej, ciężkiej patelni rozgrzej olej na średnim ogniu.

d) Dodaj kminek i gotuj, aż zacznie skwierczeć, około 30 sekund.

e) Dodaj kolendrę i kurkumę. Mieszaj i gotuj przez 30 sekund.

f) Dodać cebulę i smażyć przez 2 minuty.

g) Dodaj korzeń imbiru i czosnek i smaż jeszcze 2 minuty.

h) Dodaj pomidory i chili. Gotuj przez 3 minuty, aż mieszanina zmięknie.

i) Dodać miąższ z pieczonych bakłażanów i smażyć kolejne 5 minut, mieszając od czasu do czasu, aby się nie posklejał.

j) Dodaj czerwone chili w proszku i sól. Na tym etapie należy również usunąć i wyrzucić wszelkie kawałki zwęglonej skórki bakłażana.

k) Zmiksuj tę mieszaninę za pomocą blendera zanurzeniowego lub w oddzielnym blenderze. Nie przesadzaj – nadal powinna pozostać pewna tekstura. Podawać z opiekanymi plasterkami naan, krakersami lub chipsami tortilla. Można go również podawać tradycyjnie z indyjskim posiłkiem składającym się z roti, soczewicy i raity.

25.Pikantne placki ze słodkich ziemniaków

SKŁADNIKI:
- 1 duży słodki ziemniak (lub biały ziemniak), obrany i pokrojony w kostkę
- Kostki o średnicy 13 mm (około 4 filiżanek [600 g])
- 3 łyżki (45 ml) oleju, podzielone
- 1 łyżeczka nasion kminku
- ½ średniej żółtej lub czerwonej cebuli, obranej i pokrojonej w drobną kostkę
- 1 (2,5 g) kawałek korzenia imbiru, obrany i starty lub posiekany
- 1 łyżeczka kurkumy w proszku
- 1 łyżeczka mielonej kolendry
- 1 łyżeczka garam masali
- 1 łyżeczka czerwonego chili w proszku lub cayenne
- 1 szklanka (145 g) groszku, świeżego lub mrożonego (najpierw rozmroź)
- 1–2 zielone chili tajskie, serrano lub cayenne, posiekane
- 1 łyżeczka grubej soli morskiej
- ½ szklanki (46 g) gramowej mąki (z ciecierzycy) (besan)
- 1 łyżka soku z cytryny
- Posiekana świeża pietruszka lub kolendra do dekoracji

INSTRUKCJE:
a) Ziemniaki gotuj na parze do miękkości, około 7 minut. Zostaw do schłodzenia. Delikatnie rozbij go rękami lub tłuczkiem do ziemniaków. W tym momencie będziesz mieć około 3 szklanek (630 g) puree ziemniaczanego.
b) Na płytkiej patelni rozgrzej 2 łyżki oleju na średnim ogniu.
c) Dodaj kminek i gotuj, aż zacznie skwierczeć i lekko się zarumieni, około 30 sekund.
d) Dodaj cebulę, korzeń imbiru, kurkumę, kolendrę, garam masala i czerwone chili w proszku. Gotuj do miękkości, kolejne 2 do 3 minut. Niech mieszanina ostygnie.
e) Po ostygnięciu dodaj mieszaninę do ziemniaków, a następnie groszek, zielone chilli, sól, gramową mąkę i sok z cytryny.
f) Dobrze wymieszaj rękami lub dużą łyżką.
g) Z powstałej mieszanki uformuj małe kotleciki i odłóż je na blachę.
h) Na dużej, ciężkiej patelni rozgrzej pozostałą 1 łyżkę oleju na średnim ogniu. Smaż placki w partiach po 2 do 4, w zależności od wielkości patelni, przez około 2 do 3 minut z każdej strony, aż się zrumienią.
i) Podawać na gorąco, udekorowane posiekaną świeżą natką pietruszki lub kolendrą. Ten pasztecik można zjeść jako kanapkę, na sałacie lub jako ciekawy dodatek do dania głównego. Mieszankę można przechowywać w lodówce przez około 3 do 4 dni. Aby przygotować bardziej tradycyjny pasztecik, zamiast słodkich ziemniaków użyj zwykłych ziemniaków.

26. Kanapki z sałatką warzywną Sharon

SKŁADNIKI:
- 1 duży pomidor, pokrojony w grube plasterki
- 1 duża papryka, pokrojona w cienkie pierścienie
- 1 duża czerwona cebula, obrana i pokrojona w cienkie pierścienie
- Sok z 1 cytryny
- ½ łyżeczki grubej soli morskiej
- ½ łyżeczki czarnej soli (kala namak)

INSTRUKCJE:
a) Na talerzu ułóż warzywa, najpierw pomidory, następnie paprykę i krążki cebuli.
b) Posyp warzywa sokiem z cytryny, solą morską i czarną solą.
c) Natychmiast podawaj. Siedzenie na trawniku przed domem i robienie kanapek jest opcjonalne.

27.Jogurt sojowy Raita

SKŁADNIKI:

- 1 szklanka (237 ml) zwykłego, niesłodzonego jogurtu sojowego
- 1 ogórek, obrany, starty i odciśnięty w celu usunięcia nadmiaru wody
- ½ łyżeczki prażonego mielonego kminku
- ½ łyżeczki grubej soli morskiej
- ½ łyżeczki czarnej soli (kala namak)
- ½ łyżeczki czerwonego chili w proszku
- Sok z ½ cytryny lub limonki

INSTRUKCJE:

a) W misce wymieszaj wszystkie składniki. Natychmiast podawaj.

28. Hummus z północnych Indii

SKŁADNIKI:

- 2 szklanki (396 g) ugotowanej całej fasoli lub soczewicy
- Sok z 1 średniej cytryny
- 1 ząbek czosnku, obrany, przycięty i grubo posiekany
- 1 łyżeczka grubej soli morskiej
- 1 łyżeczka mielonego czarnego pieprzu
- ½ łyżeczki prażonego mielonego kminku
- ½ łyżeczki mielonej kolendry
- ¼ szklanki (4 g) posiekanej świeżej kolendry
- ⅓ szklanki (79 ml) plus 1 łyżka oliwy z oliwek
- 1–4 łyżki (15–60 ml) wody
- ½ łyżeczki papryki do dekoracji

INSTRUKCJE:

a) W robocie kuchennym wymieszaj fasolę lub soczewicę, sok z cytryny, czosnek, sól, czarny pieprz, kminek, kolendrę i kolendrę. Przetwarzaj, aż dobrze się wymiesza.

b) Gdy maszyna nadal pracuje, dodaj olej. Kontynuuj proces, aż mieszanina stanie się kremowa i gładka, dodając wodę w razie potrzeby, 1 łyżkę stołową na raz.

29.Popcorn z przyprawami Chai

SKŁADNIKI:

- 3 łyżki oleju kokosowego
- ½ szklanki ziaren popcornu
- 1 łyżeczka soli koszernej
- ½ łyżeczki mielonego ziela angielskiego
- ½ łyżeczki mielonego cynamonu
- ½ łyżeczki zmielonych goździków
- 1 łyżka oliwy z oliwek

INSTRUKCJE:

a) Umieść olej kokosowy i ziarna popcornu w dużym rondlu z szczelnie dopasowaną pokrywką. Podgrzewaj na średnim ogniu, ciągle poruszając garnkiem w tę i z powrotem nad płomieniem.

b) Kontynuuj potrząsanie garnkiem, aż trzaskanie zacznie zwalniać. Zdejmij z ognia i przełóż prażoną kukurydzę do miski. Posyp solą według własnego gustu.

c) W osobnej małej misce wymieszaj ziele angielskie, cynamon i goździki.

d) Wymieszaj świeżo uprażony popcorn z mieszanką przypraw i oliwą z oliwek, aby uzyskać rozkoszną przekąskę przyprawioną chai.

Ciecierzyca, fasola i soczewica

30. Pieczona fasola masala lub soczewica

SKŁADNIKI:

- 4 szklanki ugotowanej całej fasoli lub soczewicy
- 1 łyżka garam masala, chaat masala lub sambhar masala
- 2 łyżeczki grubej soli morskiej
- 2 łyżki oleju
- 1 łyżeczka czerwonego chili w proszku, cayenne lub papryki

INSTRUKCJE:

a) Rozgrzej piekarnik do 220°C (425°F). Blachę do pieczenia wyłóż folią aluminiową, aby ułatwić czyszczenie.
b) W dużej misce delikatnie wymieszaj fasolę lub soczewicę, masalę, sól i olej.
c) Ułóż przyprawioną fasolę lub soczewicę w jednej warstwie na przygotowanej blasze do pieczenia.
d) Piec 25 minut.
e) Posypać czerwonym chili, cayenne lub papryką.

31. Szybka fasola masala lub soczewica

SKŁADNIKI:

- 1 szklanka (237 ml) Gila Masala
- 1 szklanka (150 g) posiekanych warzyw
- 1–3 posiekane chili tajskie, serrano lub cayenne
- 1 łyżeczka garam masali
- 1 łyżeczka mielonej kolendry
- 1 łyżeczka prażonego mielonego kminku
- ½ łyżeczki czerwonego chili w proszku lub cayenne
- 1 ½ łyżeczki grubej soli morskiej
- 2 szklanki (474 ml) wody
- 2 szklanki (396 g) ugotowanej całej fasoli lub soczewicy
- 1 łyżka posiekanej świeżej kolendry do dekoracji

INSTRUKCJE:

a) W głębokim, ciężkim rondlu podgrzej Gila Masala na średnim ogniu, aż zacznie wrzeć.

b) Dodaj warzywa, chili, garam masala, kolendrę, kminek, czerwone chili w proszku, sól i wodę. Gotuj, aż warzywa zmiękną, 15 do 20 minut.

c) Dodaj fasolę lub soczewicę. Gotuj, aż się rozgrzeje.

d) Udekoruj kolendrą i natychmiast podawaj z brązowym lub białym ryżem basmati, roti lub naan.

32. Północnoindyjska fasola curry lub soczewica

SKŁADNIKI:
- 2 łyżki oleju
- ½ łyżeczki asafetydy (hing)
- 2 łyżeczki nasion kminku
- ½ łyżeczki kurkumy w proszku
- 1 laska cynamonu
- 1 liść kasji (lub liść laurowy)
- ½ średniej żółtej lub czerwonej cebuli, obranej i posiekanej
- 1 kawałek korzenia imbiru, obrany i starty lub posiekany
- 4 ząbki czosnku, obrane i starte lub posiekane
- 2 duże pomidory, obrane i pokrojone w kostkę
- 2–4 zielone chili tajskie, serrano lub cayenne, posiekane
- 4 szklanki ugotowanej całej fasoli lub soczewicy
- 4 szklanki wody
- 1 ½ łyżeczki grubej soli morskiej
- 1 łyżeczka czerwonego chili w proszku lub cayenne
- 2 łyżki posiekanej świeżej kolendry do dekoracji

INSTRUKCJE:

a) W ciężkim rondlu rozgrzej olej na średnim ogniu.

b) Dodaj asafetydę, kminek, kurkumę, cynamon i liść kasji i gotuj, aż nasiona zaczną skwierczeć, około 30 sekund.

c) Dodaj cebulę i smaż, aż lekko się zrumieni, około 3 minut. Często mieszaj, aby cebula nie przykleiła się do patelni.

d) Dodaj korzeń imbiru i czosnek. Gotuj kolejne 2 minuty.

e) Dodaj pomidory i zielone chilli.

f) Zmniejsz ogień do średniego i gotuj przez 3 do 5 minut, aż pomidory zaczną się rozpadać.

g) Dodaj fasolę lub soczewicę i gotuj przez kolejne 2 minuty.

h) Dodaj wodę, sól i czerwone chili w proszku. Doprowadzić do wrzenia.

i) Gdy mieszanina się zagotuje, zmniejsz ogień i gotuj na wolnym ogniu przez 10 do 15 minut.

j) Udekoruj kolendrą i podawaj z brązowym lub białym ryżem basmati, roti lub naan.

33. Fasola południowoindyjska z liśćmi curry

SKŁADNIKI:
- 2 łyżki oleju kokosowego
- ½ łyżeczki proszku asafetydy (hing)
- ½ łyżeczki kurkumy w proszku
- 1 łyżeczka nasion kminku
- 1 łyżeczka nasion czarnej gorczycy
- 15–20 świeżych liści curry, grubo posiekanych
- 6 całych suszonych czerwonych papryczek chili, grubo posiekanych
- ½ średniej żółtej lub czerwonej cebuli, obranej i pokrojonej w kostkę
- 1 (420 ml) puszka mleka kokosowego, lekkiego lub pełnotłustego
- 1 szklanka (237 ml) wody
- 1 łyżeczka proszku Rasam lub Sambhar Masala
- 1 ½ łyżeczki grubej soli morskiej
- 1 łyżeczka czerwonego chili w proszku lub cayenne
- 3 szklanki (576 g) ugotowanej całej fasoli lub soczewicy
- 1 łyżka posiekanej świeżej kolendry do dekoracji

INSTRUKCJE:

a) W głębokim, ciężkim rondlu rozgrzej olej na średnim ogniu.

b) Dodaj asafetydę, kurkumę, kminek, musztardę, liście curry i czerwoną papryczkę chili. Gotuj, aż nasiona skwierczą, około 30 sekund. Nasiona gorczycy mogą wyskoczyć, więc miej pod ręką pokrywkę.

c) Dodaj cebulę. Gotuj do zrumienienia, około 2 minut, często mieszając, aby zapobiec przywieraniu.

d) Dodaj mleko kokosowe, wodę, proszek Rasam lub Sambhar Masala, sól i czerwone chili w proszku. Doprowadzić do wrzenia, a następnie zmniejszyć ogień i gotować na wolnym ogniu przez 1 do 2 minut, aż smaki przenikną mleko.

e) Dodaj fasolę lub soczewicę. Podgrzej i gotuj na wolnym ogniu przez 2 do 4 minut, aż rośliny strączkowe nabiorą smaku. Jeśli chcesz uzyskać bardziej zupną konsystencję, dodaj kolejną szklankę wody. Podawać natychmiast, udekorowane kolendrą, w głębokich miskach z brązowym lub białym ryżem basmati.

34. Curry inspirowane kuchnią Goan z mlekiem kokosowym

SKŁADNIKI:

- 1 łyżka oleju
- ½ dużej cebuli, obranej i pokrojonej w kostkę
- 1 kawałek korzenia imbiru, obrany i starty lub posiekany
- 4 ząbki czosnku, obrane i starte lub posiekane
- 1 duży pomidor, pokrojony w kostkę (2 szklanki)
- 1–3 zielone chili tajskie, serrano lub cayenne, posiekane
- 1 łyżka mielonej kolendry
- 1 łyżka mielonego kminku
- 1 łyżeczka kurkumy w proszku
- 1 łyżeczka pasty z tamaryndowca
- 1 czubata łyżeczka jaggery (gur) lub brązowego cukru
- 1 ½ łyżeczki grubej soli morskiej
- 3 szklanki (711 ml) wody
- 4 szklanki ugotowanej całej soczewicy lub fasoli (tradycyjny groszek czarnooki)
- 1 szklanka (237 ml) mleka kokosowego, zwykłego lub jasnego
- Sok z ½ średniej cytryny
- 1 łyżka posiekanej świeżej kolendry do dekoracji

INSTRUKCJE:

a) W głębokim, ciężkim rondlu rozgrzej olej na średnim ogniu.
b) Dodać cebulę i smażyć przez 2 minuty, aż lekko się zrumieni.
c) Dodaj korzeń imbiru i czosnek. Gotuj kolejną minutę.
d) Dodaj pomidora, chili, kolendrę, kminek, kurkumę, tamaryndowiec, jaggery, sól i wodę.
e) Doprowadzić do wrzenia, zmniejszyć ogień i gotować pod przykryciem przez 15 minut.
f) Dodaj soczewicę lub fasolę oraz mleko kokosowe i podgrzej.
g) Dodaj sok z cytryny i udekoruj kolendrą. Podawać z brązowym lub białym ryżem basmati, roti lub naan.

35. Rośliny strączkowe Chana Masala

SKŁADNIKI:

- 2 łyżki oleju
- 1 czubata łyżeczka nasion kminku
- ½ łyżeczki kurkumy w proszku
- 2 łyżki Chana Masala
- 1 duża żółta lub czerwona cebula, obrana i pokrojona w kostkę
- 1 (5 cm) kawałek korzenia imbiru, obrany i starty lub posiekany
- 4 ząbki czosnku, obrane i starte lub posiekane
- 2 średnie pomidory, pokrojone w kostkę
- 1–3 zielone chili tajskie, serrano lub cayenne, posiekane
- 1 łyżeczka czerwonego chili w proszku lub cayenne
- 1 łyżka grubej soli morskiej
- 1 szklanka (237 ml) wody
- 4 szklanki ugotowanej całej fasoli lub soczewicy (tradycyjna jest biała ciecierzyca)

INSTRUKCJE:

a) Na głębokiej, ciężkiej patelni rozgrzej olej na średnim ogniu.
b) Dodaj kminek, kurkumę i Chana Masala i gotuj, aż nasiona zaczną skwierczeć, około 30 sekund.
c) Dodaj cebulę i smaż, aż będzie miękka, około minuty.
d) Dodaj korzeń imbiru i czosnek. Gotuj kolejną minutę.
e) Dodaj pomidory, zielone chili, czerwone chili w proszku, sól i wodę.
f) Doprowadzić do wrzenia, zmniejszyć ogień i gotować mieszaninę przez 10 minut, aż wszystkie składniki się połączą.
g) Dodaj fasolę lub soczewicę i gotuj. Podawać z brązowym lub białym ryżem basmati lub z roti lub naan.

36. Fasola curry po pendżabsku

SKŁADNIKI:

- 1 średnia żółta lub czerwona cebula, obrana i grubo posiekana
- 1-częściowy korzeń imbiru, obrany i grubo posiekany
- 4 ząbki czosnku, obrane i przycięte
- 2–4 zielone chili tajskie, serrano lub cayenne
- 2 łyżki oleju
- ½ łyżeczki asafetydy (hing)
- 2 łyżeczki nasion kminku
- 1 łyżeczka kurkumy w proszku
- 1 laska cynamonu
- 2 całe goździki
- 1 strąk czarnego kardamonu
- 2 średnie pomidory, obrane i pokrojone w kostkę (1 szklanka)
- 2 łyżki koncentratu pomidorowego
- 4 szklanki ugotowanej całej fasoli lub soczewicy
- 2 szklanki (474 ml) wody
- 2 łyżeczki grubej soli morskiej
- 2 łyżeczki garam masali
- 1 łyżeczka czerwonego chili w proszku lub cayenne
- 2 czubate łyżki posiekanej świeżej kolendry

INSTRUKCJE:

a) W robocie kuchennym zmiel cebulę, korzeń imbiru, czosnek i chili na wodnistą pastę.
b) Na głębokiej, ciężkiej patelni rozgrzej olej na średnim ogniu.
c) Dodaj asafetydę, kminek, kurkumę, cynamon, goździki i kardamon. Gotuj, aż mieszanina zacznie skwierczeć, około 30 sekund.
d) Powoli dodawaj pastę cebulową. Bądź ostrożny – może rozpryskać się, gdy zetknie się z gorącym olejem. Gotuj, aż się zrumieni, od czasu do czasu mieszając, około 2 minut.
e) Dodaj pomidory, koncentrat pomidorowy, soczewicę lub fasolę, wodę, sól, garam masala i czerwone chili w proszku.
f) Doprowadzić mieszaninę do wrzenia, następnie zmniejszyć ogień i gotować przez 10 minut.
g) Usuń całe przyprawy. Dodaj kolendrę i podawaj na brązowym lub białym ryżu basmati.

37.Curry inspirowane kuchnią Sambhar

SKŁADNIKI:

- 2 szklanki (396 g) ugotowanej całej fasoli lub soczewicy
- 9 szklanek (2,13 l) wody
- 1 średni ziemniak, obrany i pokrojony w kostkę
- 1 łyżeczka pasty z tamaryndowca
- 5 szklanek (750 g) warzyw (użyj różnych), pokrojonych w kostkę i julienne
- 2 czubate łyżki Sambhar Masala
- 1 łyżka oleju
- 1 łyżeczka proszku asafetida (hing) (opcjonalnie)
- 1 łyżka nasion czarnej gorczycy
- 5–8 całych suszonych czerwonych chili, grubo posiekanych
- 8–10 świeżych liści curry, grubo posiekanych
- 1 łyżeczka czerwonego chili w proszku lub cayenne
- 1 łyżka grubej soli morskiej

INSTRUKCJE:

a) W głębokim garnku do zupy postawionym na średnim ogniu połącz fasolę lub soczewicę, wodę, ziemniaki, tamaryndowiec, warzywa i Sambhar Masala. Doprowadzić do wrzenia.

b) Zmniejsz ogień i gotuj przez 15 minut, aż warzywa zwiędną i zmiękną.

c) Przygotować zaprawę (tarkę). Na małej patelni rozgrzej olej na średnim ogniu. Dodaj asafetydę (jeśli używasz) i nasiona gorczycy. Musztarda ma tendencję do pękania, więc miej pod ręką pokrywkę.

d) Gdy nasiona zaczną pękać, szybko dodaj czerwone chili i liście curry. Gotuj przez kolejne 2 minuty, często mieszając.

e) Gdy liście curry zaczną brązowieć i zwijać się, dodaj tę mieszaninę do soczewicy. Gotuj przez kolejne 5 minut.

f) Dodaj czerwone chili w proszku i sól. Podawać jako pożywną zupę, tradycyjny dodatek do dosa lub z brązowym lub białym ryżem basmati.

38. Wolno gotowana fasola i soczewica

SKŁADNIKI:

- 2 szklanki (454 g) suszonej fasoli lima, zebranej i umytej
- ½ średniej żółtej lub czerwonej cebuli, obranej i grubo posiekanej
- 1 średni pomidor, pokrojony w kostkę
- 1 kawałek korzenia imbiru, obrany i starty lub posiekany
- 2 ząbki czosnku, obrane i starte lub posiekane
- 1–3 zielone chili tajskie, serrano lub cayenne, posiekane
- 3 całe goździki
- 1 czubata łyżeczka nasion kminku
- 1 łyżeczka czerwonego chili w proszku lub cayenne
- czubata łyżeczka grubej soli morskiej
- ½ łyżeczki kurkumy w proszku
- ½ łyżeczki garam masali
- 7 szklanek (1,66 l) wody
- ¼ szklanki (4 g) posiekanej świeżej kolendry

INSTRUKCJE:

a) Włóż wszystkie składniki oprócz kolendry do wolnowaru. Gotuj na wysokim poziomie przez 7 godzin, aż fasola się rozpadnie i stanie się nieco kremowa.

b) Mniej więcej w połowie procesu gotowania fasola będzie wyglądać, jakby była gotowa, ale nie wyłączaj wolnowaru. Curry będzie nadal wodniste i będzie wymagało dalszego gotowania.

c) Usuń goździki, jeśli je znajdziesz. Dodaj świeżą kolendrę i podawaj z ryżem basmati lub roti lub naan.

39. Chana i Split Moong Dal z płatkami pieprzu

SKŁADNIKI:

- 1 szklanka (192 g) podzielonego grama (chana dal), zebrana i umyta
- 1 szklanka (192 g) suszonej zielonej soczewicy ze skórką (moong dal), obranej i umytej
- ½ średniej żółtej lub czerwonej cebuli, obranej i pokrojonej w kostkę
- 1 kawałek korzenia imbiru, obrany i starty lub posiekany
- 4 ząbki czosnku, obrane i starte lub posiekane
- 1 średni pomidor, obrany i pokrojony w kostkę
- 1–3 zielone chili tajskie, serrano lub cayenne, posiekane
- 1 łyżka stołowa plus 1 łyżeczka nasion kminku, podzielone
- 1 łyżeczka kurkumy w proszku
- 2 łyżeczki grubej soli morskiej
- 1 łyżeczka czerwonego chili w proszku lub cayenne
- 6 szklanek wody
- 2 łyżki oleju
- 1 łyżeczka płatków czerwonej papryki
- 2 łyżki posiekanej świeżej kolendry

INSTRUKCJE:

a) Do wolnowaru włóż pokrojony gram, zieloną soczewicę, cebulę, korzeń imbiru, czosnek, pomidor, chili, 1 łyżkę kminku, kurkumę, sól, czerwone chili w proszku i wodę. Gotuj na wysokim poziomie przez 5 godzin.

b) Pod koniec gotowania rozgrzej olej na płytkiej patelni na średnim ogniu.

c) Dodaj pozostałą 1 łyżeczkę kminku.

d) Gdy zacznie skwierczeć, dodaj płatki czerwonej papryki. Gotuj maksymalnie przez kolejne 30 sekund. Jeśli będziesz gotować zbyt długo, płatki staną się zbyt twarde.

e) Dodaj tę mieszaninę wraz z kolendrą do soczewicy.

f) Podawaj samo jako zupę lub z brązowym lub białym ryżem basmati, roti lub naan.

WARZYWA

40. Pikantne Tofu i Pomidory

SKŁADNIKI:

- 2 łyżki oleju
- 1 czubata łyżka nasion kminku
- 1 łyżeczka kurkumy w proszku
- 1 średnia czerwona lub żółta cebula, obrana i posiekana
- 1 (5 cm) kawałek korzenia imbiru, obrany i starty lub posiekany
- 6 ząbków czosnku, obranych i startych lub posiekanych
- 2 średnie pomidory, obrane (opcjonalnie) i posiekane (3 szklanki [480 g])
- 2–4 zielone chili tajskie, serrano lub cayenne, posiekane
- 1 łyżka koncentratu pomidorowego
- 1 łyżka garam masali
- 1 łyżka suszonych liści kozieradki (kasoori methi), lekko zmiażdżonych ręcznie, aby uwolnić ich aromat
- 1 szklanka (237 ml) wody
- 2 łyżeczki grubej soli morskiej
- 1 łyżeczka czerwonego chili w proszku lub cayenne
- 2 średnie zielone papryki, pozbawione nasion i pokrojone w kostkę (2 szklanki)
- 2 (14 uncji [397 g]) opakowań wyjątkowo twardego organicznego tofu, pieczonego i pokrojonego w kostkę

INSTRUKCJE:

a) Na dużej, ciężkiej patelni rozgrzej olej na średnim ogniu.
b) Dodaj kminek i kurkumę. Gotuj, aż nasiona skwierczą, około 30 sekund.
c) Dodać cebulę, korzeń imbiru i czosnek. Smaż przez 2 do 3 minut, aż lekko się zarumieni, od czasu do czasu mieszając.
d) Dodaj pomidory, chili, koncentrat pomidorowy, garam masala, kozieradkę, wodę, sól i czerwone chili w proszku. Zmniejszyć nieco ogień i dusić pod przykryciem przez 8 minut.
e) Dodaj paprykę i smaż przez kolejne 2 minuty. Dodać tofu i delikatnie wymieszać. Gotuj przez kolejne 2 minuty, aż się rozgrzeje. Podawać z brązowym lub białym ryżem basmati, roti lub naan.

41. Kminek Ziemniaczany Hash

SKŁADNIKI:

- 1 łyżka oleju
- 1 łyżka nasion kminku
- ½ łyżeczki asafetydy (hing)
- ½ łyżeczki kurkumy w proszku
- ½ łyżeczki proszku z mango (amchur)
- 1 mała żółta lub czerwona cebula, obrana i pokrojona w kostkę
- 1 kawałek korzenia imbiru, obrany i starty lub posiekany
- 3 duże gotowane ziemniaki (dowolny rodzaj), obrane i pokrojone w kostkę (4 szklanki [600 g])
- 1 łyżeczka grubej soli morskiej
- 1–2 zielone chili tajskie, serrano lub cayenne, usunięte łodygi i pokrojone w cienkie plasterki
- ¼ szklanki (4 g) posiekanej świeżej kolendry, mielonego soku z ½ cytryny

INSTRUKCJE:

a) Na głębokiej, ciężkiej patelni rozgrzej olej na średnim ogniu.
b) Dodaj kminek, asafetydę, kurkumę i proszek z mango. Gotuj, aż nasiona skwierczą, około 30 sekund.
c) Dodaj cebulę i korzeń imbiru. Smaż jeszcze przez minutę, mieszając, aby zapobiec przypaleniu.
d) Dodaj ziemniaki i sól. Dobrze wymieszaj i gotuj, aż ziemniaki się rozgrzeją.
e) Posyp chili, kolendrą i sokiem z cytryny. Podawać jako dodatek do roti lub naan lub zawinięte w besan bieda lub dosa. Świetnie nadaje się jako nadzienie do kanapek wegetariańskich, a nawet podawane w kubku sałaty.

42. Hash ziemniaczany z nasionami gorczycy

SKŁADNIKI:
- 1 łyżka split grama (chana dal)
- 1 łyżka oleju
- 1 łyżeczka kurkumy w proszku
- 1 łyżeczka nasion czarnej gorczycy
- 10 liści curry, grubo posiekanych
- 1 mała żółta lub czerwona cebula, obrana i pokrojona w kostkę
- 3 duże gotowane ziemniaki (dowolny rodzaj), obrane i pokrojone w kostkę (4 szklanki [600 g])
- 1 łyżeczka grubej białej soli
- 1–2 zielone chili tajskie, serrano lub cayenne, usunięte łodygi i pokrojone w cienkie plasterki

INSTRUKCJE:
a) Namocz podzielony gram we przegotowanej wodzie podczas przygotowywania pozostałych składników.
b) Na głębokiej, ciężkiej patelni rozgrzej olej na średnim ogniu.
c) Dodaj kurkumę, musztardę, liście curry i odsączony split gram. Uważaj, nasiona mają tendencję do pękania, a namoczona soczewica może rozpryskiwać się olejem, dlatego może być konieczna pokrywka. Gotuj przez 30 sekund, mieszając, aby zapobiec przypaleniu.
d) Dodaj cebulę. Gotuj, aż lekko się zrumieni, około 2 minut.
e) Dodaj ziemniaki, sól i chili. Gotuj przez kolejne 2 minuty. Podawać jako dodatek do roti lub naan lub zawinięte w besan bieda lub dosa. Świetnie nadaje się jako nadzienie do kanapek wegetariańskich, a nawet podawane w kubku sałaty.

43. Kapusta po pendżabsku

SKŁADNIKI:

- 3 łyżki (45 ml) oleju
- 1 łyżka nasion kminku
- 1 łyżeczka kurkumy w proszku
- ½ żółtej lub czerwonej cebuli, obranej i pokrojonej w kostkę
- 1 kawałek korzenia imbiru, obrany i starty lub posiekany
- 6 ząbków czosnku, obranych i posiekanych
- 1 średni ziemniak, obrany i pokrojony w kostkę
- 1 średnia główka białej kapusty, usunięte zewnętrzne liście i drobno posiekane (około 8 szklanek [560 g])
- 1 szklanka (145 g) groszku, świeżego lub mrożonego
- 1 zielone chili tajskie, serrano lub cayenne, usunięta łodyga i posiekana
- 1 łyżeczka mielonej kolendry
- 1 łyżeczka mielonego kminku
- 1 łyżeczka mielonego czarnego pieprzu
- ½ łyżeczki czerwonego chili w proszku lub cayenne
- 1 ½ łyżeczki soli morskiej

INSTRUKCJE:

a) Wszystkie składniki włóż do wolnowaru i delikatnie wymieszaj.
b) Gotuj na małym ogniu przez 4 godziny. Podawać z białym lub brązowym ryżem basmati, roti lub naan. To świetny wypełniacz do pity z odrobiną mżawki raita z jogurtu sojowego.

44. Kapusta z nasionami gorczycy i kokosem

SKŁADNIKI:

- 2 łyżki całej, obranej czarnej soczewicy (sabut urud dal)
- 2 łyżki oleju kokosowego
- ½ łyżeczki asafetydy (hing)
- 1 łyżeczka nasion czarnej gorczycy
- 10–12 liści curry, grubo posiekanych
- 2 łyżki niesłodzonego wiórka kokosowego
- 1 średnia główka białej kapusty, posiekana (8 szklanek [560 g])
- 1 łyżeczka grubej soli morskiej
- 1–2 chili tajskie, serrano lub cayenne, usunięte łodygi i pokrojone wzdłuż

INSTRUKCJE:

a) Soczewicę namoczyć w przegotowanej wodzie, aby zmiękła, na czas przygotowywania pozostałych składników.
b) Na głębokiej, ciężkiej patelni rozgrzej olej na średnim ogniu.
c) Dodaj asafetydę, musztardę, odsączoną soczewicę, liście curry i kokos. Podgrzewaj, aż nasiona wyskoczą, około 30 sekund. Uważaj, aby nie przypalić liści curry ani kokosa. Nasiona mogą wyskoczyć, więc miej pod ręką pokrywkę.
d) Dodać kapustę i sól. Gotuj, regularnie mieszając, przez 2 minuty, aż kapusta po prostu zwiędnie.
e) Dodaj chili. Podawać natychmiast jako ciepłą sałatkę, na zimno lub z roti lub naan.

45. Fasolka szparagowa z ziemniakami

SKŁADNIKI:

- 1 łyżka oleju
- 1 łyżeczka nasion kminku
- ½ łyżeczki kurkumy w proszku
- 1 średnia czerwona lub żółta cebula, obrana i pokrojona w kostkę
- 1 kawałek korzenia imbiru, obrany i starty lub posiekany
- 3 ząbki czosnku, obrane i starte lub posiekane
- 1 średni ziemniak, obrany i pokrojony w kostkę
- ¼ szklanki (59 ml) wody
- 4 szklanki (680 g) posiekanej fasoli szparagowej (o długości ½ cala [13 mm])
- 1–2 posiekane chili tajskie, serrano lub cayenne
- 1 łyżeczka grubej soli morskiej
- 1 łyżeczka czerwonego chili w proszku lub cayenne

INSTRUKCJE:

a) Na ciężkiej, głębokiej patelni rozgrzej olej na średnim ogniu.
b) Dodaj kminek i kurkumę i gotuj, aż nasiona zaczną skwierczeć, około 30 sekund.
c) Dodać cebulę, korzeń imbiru i czosnek. Gotuj, aż lekko się zarumieni, około 2 minut.
d) Dodać ziemniaka i smażyć kolejne 2 minuty, ciągle mieszając. Dodaj wodę, aby zapobiec przywieraniu.
e) Dodaj fasolkę szparagową. Gotuj przez 2 minuty, od czasu do czasu mieszając.
f) Dodaj chili, sól i czerwone chili w proszku.
g) Zmniejsz ogień do średniego i częściowo przykryj patelnię. Gotuj przez 15 minut, aż fasola i ziemniaki będą miękkie. Wyłącz ogień i pozostaw patelnię pod przykryciem na tym samym palniku przez kolejne 5 do 10 minut.
h) Podawać z białym lub brązowym ryżem basmati, roti lub naan.

46. Bakłażan Z Ziemniakami

SKŁADNIKI:
- 2 łyżki oleju
- ½ łyżeczki asafetydy (hing)
- 1 łyżeczka nasion kminku
- ½ łyżeczki kurkumy w proszku
- 1 (5 cm) kawałek korzenia imbiru, obrany i pokrojony w zapałki o długości ½ cala (13 mm)
- 4 ząbki czosnku, obrane i grubo posiekane
- 1 średni ziemniak, obrany i grubo posiekany
- 1 duża cebula, obrana i grubo posiekana
- 1–3 posiekane chili tajskie, serrano lub cayenne
- 1 duży pomidor, grubo posiekany
- 4 średnie bakłażany ze skórką, grubo posiekane, z zdrewniałymi końcówkami w zestawie (8 filiżanek [656 g])
- 2 łyżeczki grubej soli morskiej
- 1 łyżka garam masali
- 1 łyżka mielonej kolendry
- 1 łyżeczka czerwonego chili w proszku lub cayenne
- 2 łyżki posiekanej świeżej kolendry do dekoracji

INSTRUKCJE:
a) Na głębokiej, ciężkiej patelni rozgrzej olej na średnim ogniu.
b) Dodaj asafetydę, kminek i kurkumę. Gotuj, aż nasiona skwierczą, około 30 sekund.
c) Dodaj korzeń imbiru i czosnek. Gotuj, ciągle mieszając, przez 1 minutę.
d) Dodaj ziemniaka. Gotuj przez 2 minuty.
e) Dodaj cebulę i chili i smaż przez kolejne 2 minuty, aż lekko się zrumienią.
f) Dodaj pomidora i gotuj przez 2 minuty. W tym momencie stworzysz bazę dla swojego dania.
g) Dodaj bakłażana. (Ważne jest, aby zachować zdrewniałe końcówki, abyście Ty i Twoi goście mogli później przeżuć pyszny, mięsisty środek.)
h) Dodaj sól, garam masala, kolendrę i czerwone chili w proszku. Gotuj przez 2 minuty.
i) Zmniejsz ogień do małego, częściowo przykryj patelnię i gotuj przez kolejne 10 minut.
j) Wyłącz ogień, przykryj patelnię całkowicie i odstaw na 5 minut, aby wszystkie smaki miały szansę się dokładnie przemieszać. Udekoruj kolendrą i podawaj z roti lub naan.

47.Brukselka Masala

SKŁADNIKI:
- 1 łyżka oleju
- 1 łyżeczka nasion kminku
- 2 szklanki (474 ml) Gila Masala
- 1 szklanka (237 ml) wody
- 4 łyżki (60 ml) kremu z nerkowców
- 4 szklanki (352 g) brukselki, przyciętej i przekrojonej na pół
- 1–3 posiekane chili tajskie, serrano lub cayenne
- 2 łyżeczki grubej soli morskiej
- 1 łyżeczka garam masali
- 1 łyżeczka mielonej kolendry
- 1 łyżeczka czerwonego chili w proszku lub cayenne
- 2 łyżki posiekanej świeżej kolendry do dekoracji

INSTRUKCJE:
a) Na głębokiej, ciężkiej patelni rozgrzej olej na średnim ogniu.
b) Dodaj kminek i gotuj, aż nasiona zaczną skwierczeć, około 30 sekund.
c) Dodaj bulion z zupy pomidorowej z północnych Indii, wodę, krem z nerkowców, brukselkę, chili, sól, garam masala, kolendrę i czerwone chili w proszku.
d) Doprowadzić do wrzenia. Zmniejsz ogień i gotuj na wolnym ogniu bez przykrycia przez 10 do 12 minut, aż brukselka zmięknie.
e) Udekoruj kolendrą i podawaj z brązowym lub białym ryżem basmati albo z roti lub naan.

48. Buraki z nasionami gorczycy i kokosem

SKŁADNIKI:

- 1 łyżka oleju
- 1 łyżeczka nasion czarnej gorczycy
- 1 średnia żółta lub czerwona cebula, obrana i pokrojona w kostkę
- 2 łyżeczki mielonego kminku
- 2 łyżeczki mielonej kolendry
- 1 łyżeczka południowoindyjskiej masali
- 1 łyżka niesłodzonego, rozdrobnionego kokosa
- 5–6 małych buraków, obranych i pokrojonych w kostkę (3 szklanki [408 g])
- 1 łyżeczka grubej soli morskiej
- 1½ [356 ml] szklanki wody

INSTRUKCJE:

a) Na ciężkiej patelni rozgrzej olej na średnim ogniu.
b) Dodaj nasiona gorczycy i gotuj, aż zaczną skwierczeć, około 30 sekund.
c) Dodaj cebulę i smaż, aż lekko się zrumieni, około 1 minuty.
d) Dodaj kminek, kolendrę, południowoindyjską masalę i kokos. Gotuj przez 1 minutę.
e) Dodaj buraki i gotuj przez 1 minutę.
f) Dodaj sól i wodę. Doprowadzić do wrzenia, zmniejszyć ogień, przykryć i gotować przez 15 minut.
g) Wyłącz ogień i pozostaw patelnię pod przykryciem na 5 minut, aby naczynie wchłonęło wszystkie smaki. Podawać z brązowym lub białym ryżem basmati lub z roti lub naan.

49.Tarta dynia masala

SKŁADNIKI:

- 2 łyżki oleju
- 2 łyżeczki nasion kminku
- 2 łyżeczki mielonej kolendry
- 1 łyżeczka kurkumy w proszku
- 1 duża dynia lub dynia (dowolna dynia zimowa lub letnia będzie odpowiednia), obrana i starta na tarce (8 szklanek [928 g])
- 1 (5 cm) kawałek korzenia imbiru, obrany i pokrojony w zapałki (⅓ szklanki [32 g])
- 1 łyżeczka grubej soli morskiej
- 2 łyżki wody Sok z 1 cytryny
- 2 łyżki posiekanej świeżej kolendry

INSTRUKCJE:

a) Na głębokiej, ciężkiej patelni rozgrzej olej na średnim ogniu.
b) Dodać kminek, kolendrę i kurkumę. Gotuj, aż nasiona skwierczą, około 30 sekund.
c) Dodaj dynię, korzeń imbiru, sól i wodę. Gotuj przez 2 minuty i dobrze wymieszaj.
d) Przykryj patelnię i zmniejsz ogień do średniego. Gotuj przez 8 minut.
e) Dodaj sok z cytryny i kolendrę. Podawaj z roti lub naan lub zrób to samo co ja i podawaj na tostowej angielskiej muffince zwieńczonej cienko pokrojonymi krążkami żółtej lub czerwonej cebuli.

50.Mały bakłażan nadziewany nerkowcami

SKŁADNIKI:
- ½ szklanki (69 g) surowych orzechów nerkowca
- 20 młodych bakłażanów
- 2 łyżki oleju, podzielone
- 1 łyżeczka nasion kminku
- 1 łyżeczka nasion kolendry
- 1 łyżka nasion sezamu
- ½ łyżeczki nasion czarnej gorczycy
- ½ łyżeczki nasion kopru włoskiego
- ¼ łyżeczki nasion kozieradki
- 1 duża żółta lub czerwona cebula, obrana i pokrojona w kostkę
- 1 kawałek korzenia imbiru, obrany i starty lub posiekany
- 4 ząbki czosnku, obrane i grubo posiekane
- 1–3 posiekane chili tajskie, serrano lub cayenne
- 1 łyżeczka kurkumy w proszku
- 1 łyżeczka startego jaggery (gur)
- 2 łyżeczki garam masali
- 1 łyżka grubej soli morskiej
- 1 łyżeczka czerwonego chili w proszku lub cayenne
- 1 szklanka (237 ml) wody, podzielona
- 2 łyżki posiekanej świeżej kolendry do dekoracji

INSTRUKCJE:

a) Namocz orzechy nerkowca w wodzie na czas przygotowywania pozostałych składników.

b) W każdym bakłażanie wykonaj 2 prostopadłe nacięcia od dołu, kierując się w stronę łodygi i zatrzymując się przed przecięciem bakłażana. Powinny pozostać nienaruszone. Po zakończeniu będziesz mieć 4 sekcje, połączone zieloną, zdrewniałą łodygą. Umieść je w misce z wodą i przygotuj pozostałe składniki. Pomoże to lekko otworzyć bakłażany, dzięki czemu będziesz mógł je później lepiej nafaszerować.

c) Na ciężkiej patelni rozgrzej 1 łyżkę oleju na średnim ogniu.

d) Dodaj kminek, kolendrę, sezam, musztardę, koper włoski i nasiona kozieradki. Gotuj, aż nasiona lekko wyskoczą, około 30 sekund. Nie rozgotuj tego zbyt mocno – kozieradka może stać się gorzka.

e) Dodać cebulę, korzeń imbiru, czosnek i chili. Gotuj, aż cebula się zrumieni, około 2 minut.

f) Dodaj kurkumę, jaggery, garam masala, sól, czerwone chili w proszku i odsączone orzechy nerkowca. Gotuj przez kolejne 2 minuty, aż dobrze się wymiesza.

g) Przenieś tę mieszaninę do robota kuchennego. Dodaj ½ szklanki (119 ml) wody i miksuj, aż masa będzie gładka. Nie spiesz się; może być konieczne zatrzymanie się i zeskrobanie boków.

h) Bakłażany są już gotowe do nadziewania! Trzymając bakłażana w jednej ręce, włóż około 1 łyżkę stołową mieszanki do rdzenia bakłażana, pokrywając wszystkie strony.

i) Delikatnie zamknij bakłażana i umieść go w dużej misce, aż skończysz nadziewać wszystkie bakłażany.

j) Na dużej, głębokiej patelni rozgrzej pozostałą 1 łyżkę oleju na średnim ogniu. Delikatnie, pojedynczo dodawaj bakłażany. Dodaj pozostałą masalę i pozostałe ½ szklanki wody i zmniejsz ogień do średniego. Przykryj patelnię i gotuj przez 20 minut, delikatnie mieszając od czasu do czasu, uważając, aby bakłażany pozostały nienaruszone.

k) Wyłącz ogień i pozostaw bakłażany na 5 minut, aby naprawdę się ugotowały i wchłonęły wszystkie smaki. Udekoruj kolendrą i podawaj z ryżem lub roti lub naan.

51. Pikantny szpinak z „Paneerem"

SKŁADNIKI:

- 2 łyżki oleju
- 1 łyżka nasion kminku
- 1 łyżeczka kurkumy w proszku
- 1 duża żółta lub czerwona cebula, obrana i pokrojona w kostkę
- 1 (5 cm) kawałek korzenia imbiru, obrany i starty lub posiekany
- 6 ząbków czosnku, obranych i startych lub posiekanych
- 2 duże pomidory, posiekane
- 1–2 posiekane chili tajskie, serrano lub cayenne
- 2 łyżki koncentratu pomidorowego
- 1 szklanka (237 ml) wody
- 1 łyżka mielonej kolendry
- 1 łyżka garam masali
- 2 łyżeczki grubej soli morskiej
- 12 szklanek (360 g) gęsto upakowanego, posiekanego świeżego szpinaku
- 1 (14 uncji [397 g]) opakowanie bardzo twardego, organicznego tofu, pieczonego i pokrojonego w kostkę

INSTRUKCJE:

a) Na szerokiej i ciężkiej patelni rozgrzej olej na średnim ogniu.
b) Dodaj kminek i kurkumę i gotuj, aż nasiona zaczną skwierczeć, około 30 sekund.
c) Dodaj cebulę i smaż, aż się zrumieni, około 3 minut, delikatnie mieszając, aby się nie przykleiła.
d) Dodaj korzeń imbiru i czosnek. Gotuj przez 2 minuty.
e) Dodać pomidory, chili, koncentrat pomidorowy, wodę, kolendrę, garam masala i sól. Zmniejsz ogień i gotuj przez 5 minut.
f) Dodaj szpinak. Być może będziesz musiał to robić partiami, dodając więcej, gdy więdnie. Będzie wyglądać, jakbyś miał za dużo szpinaku, ale nie martw się. Wszystko się ugotuje. Zaufaj mi!
g) Gotuj przez 7 minut, aż szpinak zwiędnie i ugotuje się. Zmiksuj blenderem zanurzeniowym lub w tradycyjnym blenderze.
h) Dodaj tofu i gotuj przez kolejne 2 do 3 minut. Podawać z roti lub naan.

52.Curry Zimowy Melon

SKŁADNIKI:

- 2 łyżki oleju
- ½ łyżeczki asafetydy
- 1 łyżeczka nasion kminku
- ½ łyżeczki kurkumy w proszku
- 1 średni melon zimowy, bez skórki, pokrojony w kostkę
- 1 średni pomidor, pokrojony w kostkę

INSTRUKCJE:

a) Na głębokiej, ciężkiej patelni rozgrzej olej na średnim ogniu.

b) Dodaj asafetydę, kminek i kurkumę i gotuj, aż nasiona zaczną skwierczeć, około 30 sekund.

c) Dodaj melon zimowy. Gotuj przez 3 minuty.

d) Dodaj pomidora, zmniejsz ogień do małego i częściowo przykryj patelnię. Gotuj przez 15 minut.

e) Wyłącz ogrzewanie. Wyreguluj pokrywkę tak, aby całkowicie zakrywała patelnię i pozostaw patelnię na 10 minut, aby całkowicie połączyć smaki.

53. Ziemniaki Kozieradko-Szpinakowe

SKŁADNIKI:

- 2 łyżki oleju
- 1 łyżeczka nasion kminku
- 1 12-uncjowe opakowanie mrożonego szpinaku
- 1 ½ szklanki suszonych liści kozieradki
- 1 duży ziemniak, obrany i pokrojony w kostkę
- 1 łyżeczka grubej soli morskiej
- ½ łyżeczki kurkumy w proszku
- ¼ łyżeczki czerwonego chili w proszku lub cayenne
- ¼ szklanki (59 ml) wody

INSTRUKCJE:

a) Na ciężkiej patelni rozgrzej olej na średnim ogniu.

b) Dodaj kminek i gotuj, aż nasiona zaczną skwierczeć, około 30 sekund.

c) Dodaj szpinak i zmniejsz ogień do średnio-niskiego. Przykryj patelnię i gotuj przez 5 minut.

d) Dodaj liście kozieradki, delikatnie wymieszaj, załóż pokrywkę i gotuj przez kolejne 5 minut.

e) Dodaj ziemniaki, sól, kurkumę, czerwone chili w proszku i wodę. Delikatnie wymieszaj.

f) Załóż pokrywkę i gotuj przez 10 minut.

g) Zdejmij patelnię z ognia i pozostaw ją pod przykryciem na kolejne 5 minut. Podawać z roti lub naan.

54. Trzaskająca Okra

SKŁADNIKI:

- 2 łyżki oleju
- 1 łyżeczka nasion kminku
- 1 łyżeczka kurkumy w proszku
- 1 duża żółta lub czerwona cebula, obrana i bardzo grubo posiekana
- 1 kawałek korzenia imbiru, obrany i starty lub posiekany
- 3 ząbki czosnku, obrane i posiekane, posiekane lub starte
- 2 funty okry, umytej, wysuszonej, przyciętej i pokrojonej
- 1–2 posiekane chili tajskie, serrano lub cayenne
- ½ łyżeczki proszku z mango
- 1 łyżeczka czerwonego chili w proszku lub cayenne
- 1 łyżeczka garam masali
- 2 łyżeczki grubej soli morskiej

INSTRUKCJE:

a) Na głębokiej, ciężkiej patelni rozgrzej olej na średnim ogniu. Dodaj kminek i kurkumę. Gotuj, aż nasiona zaczną skwierczeć, około 30 sekund.

b) Dodaj cebulę i smaż, aż się zrumieni, 2 do 3 minut. To kluczowy krok dla mojej okry. Duże, grube kawałki cebuli powinny się zrumienić i lekko skarmelizować. Będzie to pyszna baza do dania końcowego.

c) Dodaj korzeń imbiru i czosnek. Gotuj przez 1 minutę, od czasu do czasu mieszając.

d) Dodaj okrę i gotuj przez 2 minuty, aż okra zmieni kolor na jasnozielony.

e) Dodaj chili, proszek z mango, czerwone chili w proszku, garam masala i sól. Gotuj przez 2 minuty, od czasu do czasu mieszając.

f) Zmniejsz ogień do niskiego i częściowo przykryj patelnię. Gotuj przez 7 minut, od czasu do czasu mieszając.

g) Wyłącz ogień i wyreguluj pokrywkę tak, aby całkowicie zakrywała garnek. Odstawiamy na 3 do 5 minut, aby wszystkie smaki się wchłonęły.

h) Udekoruj kolendrą i podawaj z brązowym lub białym ryżem basmati, roti lub naan.

SAŁATKI I STRONY

55. Pikantna sałatka z fasoli

SKŁADNIKI:

- 4 szklanki ugotowanej fasoli (lub 2 puszki 426 g, odsączone i opłukane)
- 1 średni ziemniak, ugotowany i pokrojony w kostkę
- ½ średniej czerwonej cebuli, obranej i pokrojonej w kostkę
- 1 średni pomidor, pokrojony w kostkę
- 1 kawałek korzenia imbiru, obrany i starty lub posiekany
- 2–3 zielone chili tajskie, serrano lub cayenne, posiekane
- Sok z 1 cytryny
- 1 łyżeczka czarnej soli (kala namak)
- 1 łyżeczka Chaat Masala
- ½ łyżeczki grubej soli morskiej
- ½-1 łyżeczki czerwonego chili w proszku lub cayenne
- ¼ szklanki (4 g) posiekanej świeżej kolendry
- ¼ szklanki (59 ml) chutneya z tamaryndowca i daktyli

INSTRUKCJE:

a) W dużej misce wymieszaj wszystkie składniki z wyjątkiem chutneyu z tamaryndowca i daktyli.

b) Rozłóż sałatkę do małych misek i napełnij każdą łyżką chutneyu z tamaryndowca i daktyli.

56.Sałatka z kiełków mung mojej mamy

SKŁADNIKI:

- 1 szklanka (192 g) kiełków zielonej soczewicy (sabut moong)
- 1 zielona cebula, posiekana
- 1 mały, posiekany pomidor (½ szklanki [80 g])
- ½ małej czerwonej lub żółtej papryki, posiekanej (¼ szklanki [38 g])
- 1 mały ogórek, obrany i posiekany
- 1 mały ziemniak, ugotowany, obrany i posiekany
- 1 kawałek korzenia imbiru, obrany i starty lub posiekany
- 1–2 zielone chili tajskie, serrano lub cayenne, posiekane
- ¼ szklanki (4 g) posiekanej świeżej kolendry
- Sok z ½ cytryny lub limonki
- ½ łyżeczki soli morskiej
- ½ łyżeczki czerwonego chili w proszku lub cayenne
- ½ łyżeczki oleju

INSTRUKCJE:

a) Połącz wszystkie składniki i dobrze wymieszaj. Podawać jako dodatek do sałatki lub szybką, zdrową, wysokobiałkową przekąskę.
b) Na szybki lunch włóż do pity posiekane awokado.

57. Sałatka uliczna z ciecierzycy Popper

SKŁADNIKI:
- 4 szklanki (948 ml) Poppersów z ciecierzycy ugotowanej z dowolną masalą
- 1 średnia żółta lub czerwona cebula, obrana i pokrojona w kostkę
- 1 duży pomidor, pokrojony w kostkę
- Sok z 2 cytryn
- ½ szklanki (8 g) posiekanej świeżej kolendry
- 2–4 zielone chili tajskie, serrano lub cayenne, posiekane
- 1 łyżeczka grubej soli morskiej
- 1 łyżeczka czarnej soli (kala namak)
- 1 łyżeczka czerwonego chili w proszku lub cayenne
- 1 łyżeczka Chaat Masala
- ½ szklanki (119 ml) miętowego chutneya
- ½ szklanki (119 ml) chutneya z tamaryndowca i daktyli
- 1 szklanka (237 ml) jogurtu sojowego Raita

INSTRUKCJE:
a) W głębokiej misce wymieszaj poppers z ciecierzycy, cebulę, pomidor, sok z cytryny, kolendrę, chili, sól morską, czarną sól, czerwone chili w proszku i Chaat Masala.
b) Rozdzielić mieszaninę pomiędzy poszczególne miski.
c) Na wierzch każdej miski nałóż po łyżce stołowej sosu miętowego i tamaryndowca z daktylami oraz raity z jogurtu sojowego. Natychmiast podawaj.

58. Uliczna sałatka z kukurydzy

SKŁADNIKI:
- 4 kłosy kukurydzy, obrane i oczyszczone
- Sok z 1 średniej cytryny
- 1 łyżeczka grubej soli morskiej
- 1 łyżeczka czarnej soli (kala namak)
- 1 łyżeczka Chaat Masala
- 1 łyżeczka czerwonego chili w proszku lub cayenne

INSTRUKCJE:
a) Piecz kukurydzę, aż lekko się zwęgli.
b) Usuń ziarna z kukurydzy.
c) Włóż ziarna kukurydzy do miski i wymieszaj ze wszystkimi pozostałymi składnikami. Natychmiast podawaj.

59. Chrupiąca sałatka z marchwi

SKŁADNIKI:

- ½ szklanki (96 g) podzielonej i obranej zielonej soczewicy
- 5 szklanek (550 g) obranych i startych marchewek
- 1 średni daikon, obrany i starty
- ¼ szklanki (40 g) surowych orzeszków ziemnych, prażonych na sucho
- ¼ szklanki (4 g) posiekanej świeżej kolendry
- Sok z 1 średniej cytryny
- 2 łyżeczki grubej soli morskiej
- ½ łyżeczki czerwonego chili w proszku lub cayenne
- 1 łyżka oleju
- 1 czubata łyżeczka nasion czarnej gorczycy
- 6–7 liści curry, grubo posiekanych
- 1–2 zielone chili tajskie, serrano lub cayenne, posiekane

INSTRUKCJE:

a) Soczewicę namoczyć w przegotowanej wodzie na 20–25 minut, aż będzie al dente. Odpływ.
b) Umieść marchewkę i daikon w głębokiej misce.
c) Dodaj odsączoną soczewicę, orzeszki ziemne, kolendrę, sok z cytryny, sól i proszek z czerwonego chili.
d) Na płytkiej, ciężkiej patelni rozgrzej olej na średnim ogniu.
e) Dodaj nasiona gorczycy. Przykryj patelnię (aby nie wyskoczyły i nie przypaliły) i gotuj, aż nasiona zaczną skwierczeć, około 30 sekund.
f) Ostrożnie dodaj liście curry i zielone chilli.
g) Wlać tę mieszaninę do sałatki i dobrze wymieszać. Podawać natychmiast lub przechowywać w lodówce przed podaniem.

60.Granatowy Chaat

SKŁADNIKI:
- 2 duże granaty, bez nasion (3 szklanki [522 g])
- ½–1 łyżeczka czarnej soli (kala namak)

INSTRUKCJE:
a) Wymieszaj nasiona z czarną solą.
b) Ciesz się natychmiast lub przechowuj w lodówce do tygodnia.

61.Sałatka Owocowa Masala

SKŁADNIKI:

- 1 średnio dojrzały kantalupa, obrany i pokrojony w kostkę (7 filiżanek [1,09 kg])
- 3 średnie banany, obrane i pokrojone w plasterki
- 1 szklanka (100 g) winogron bez pestek
- 2 średnie gruszki, wydrążone i pokrojone w kostkę
- 2 małe jabłka, wydrążone i pokrojone w kostkę (1 szklanka [300 g])
- Sok z 1 cytryny lub limonki
- ½ łyżeczki grubej soli morskiej
- ½ łyżeczki Chaat Masala
- ½ łyżeczki czarnej soli (kala namak)
- ½ łyżeczki czerwonego chili w proszku lub cayenne

INSTRUKCJE:

a) W dużej misce delikatnie wymieszaj wszystkie składniki.

b) Podawaj od razu w tradycyjny sposób, w małych miseczkach z wykałaczkami.

62. Ciepła sałatka z północnych Indii

SKŁADNIKI:

- 1 łyżka oleju
- 1 łyżeczka nasion kminku
- ½ łyżeczki kurkumy w proszku
- 1 średnia żółta lub czerwona cebula, obrana i posiekana
- 1-częściowy korzeń imbiru, obrany i pokrojony w zapałki
- 2 ząbki czosnku, obrane i starte
- 1–2 zielone chili tajskie, serrano lub cayenne
- 2 szklanki (396 g) ugotowanej całej fasoli lub soczewicy
- 1 łyżeczka grubej soli morskiej
- ½ łyżeczki czerwonego chili w proszku lub cayenne
- ½ łyżeczki czarnej soli (kala namak)
- ¼ szklanki (4 g) posiekanej świeżej kolendry

INSTRUKCJE:

a) Na głębokiej, ciężkiej patelni rozgrzej olej na średnim ogniu.

b) Dodaj kminek i kurkumę. Gotuj, aż nasiona skwierczą, około 30 sekund.

c) Dodać cebulę, korzeń imbiru, czosnek i chili. Gotuj, aż się zrumieni, około 2 minut.

d) Dodaj fasolę lub soczewicę. Gotuj kolejne 2 minuty.

e) Dodaj sól morską, chili w proszku, czarną sól i kolendrę. Dobrze wymieszaj i podawaj.

63.Zimna indyjska sałatka uliczna

SKŁADNIKI:

- 4 szklanki ugotowanej całej fasoli lub soczewicy
- 1 średnia czerwona cebula, obrana i pokrojona w kostkę
- 1 średni pomidor, pokrojony w kostkę
- 1 mały ogórek, obrany i pokrojony w kostkę
- 1 średni daikon, obrany i starty
- 1–2 zielone chili tajskie, serrano lub cayenne, posiekane
- ¼ szklanki (4 g) posiekanej świeżej kolendry, posiekanej
- Sok z 1 dużej cytryny
- 1 łyżeczka grubej soli morskiej
- ½ łyżeczki czarnej soli (kala namak)
- ½ łyżeczki Chaat Masala
- ½ łyżeczki czerwonego chili w proszku lub cayenne
- 1 łyżeczka świeżej białej kurkumy, obranej i startej (opcjonalnie)

INSTRUKCJE:

a) W głębokiej misce wymieszaj wszystkie składniki.
b) Podawać od razu jako dodatek do sałatki lub zawinięte w liść sałaty.

64.Sałatka Pomarańczowa

SKŁADNIKI:
- 3 średnie pomarańcze, obrane, wypestkowane i pokrojone w kostkę (3 szklanki [450 g])
- 1 mała żółta lub czerwona cebula, obrana i posiekana
- 10–12 czarnych oliwek Kalamata, wypestkowanych i grubo posiekanych
- ¼ szklanki (4 g) posiekanej świeżej kolendry
- Sok z 2 średnich limonek
- ½ łyżeczki grubej soli morskiej
- ½ łyżeczki czarnej soli (kala namak)
- ½ łyżeczki garam masali
- ½ łyżeczki mielonego czarnego pieprzu
- ¼ łyżeczki czerwonego chili w proszku lub cayenne

INSTRUKCJE:
a) Delikatnie wymieszaj wszystkie składniki.
b) Przed podaniem przechowywać w lodówce przez co najmniej 30 minut.

ZUPY

65. Zupa pomidorowa z północnych Indii

SKŁADNIKI:

- 2 łyżeczki oleju
- 1 czubata łyżeczka nasion kminku
- ½ łyżeczki kurkumy w proszku
- 4 średnie pomidory, obrane i grubo posiekane
- 1 kawałek korzenia imbiru, obrany i starty lub posiekany
- 3 ząbki czosnku, obrane i posiekane
- 1–2 zielone chili tajskie, serrano lub cayenne, posiekane
- ¼ szklanki (4 g) posiekanej świeżej kolendry
- ½ łyżeczki czerwonego chili w proszku lub cayenne
- 4 szklanki (948 ml) wody
- 1 łyżeczka grubej soli morskiej
- ½ łyżeczki mielonego czarnego pieprzu
- Sok z ½ limonki
- 2 łyżki drożdży odżywczych
- Grzanki, do dekoracji

INSTRUKCJE:

a) W dużym garnku do zupy rozgrzej olej na średnim ogniu.

b) Dodaj kminek i kurkumę i gotuj, aż nasiona zaczną skwierczeć, około 30 sekund.

c) Dodaj pomidory, korzeń imbiru, czosnek, chili, kolendrę, czerwone chili w proszku i wodę. Doprowadzić do wrzenia.

d) Zmniejsz ogień do średnio-niskiego i gotuj na wolnym ogniu przez około 15 minut. Gdy pomidory będą miękkie, zmiksuj blenderem zanurzeniowym na gładką masę.

e) Dodaj sól, czarny pieprz, sok z limonki i drożdże odżywcze, jeśli używasz. Dobrze wymieszaj i podawaj gorące, udekorowane grzankami. Zrób z tego miniposiłek, dodając łyżkę ugotowanego brązowego lub białego ryżu basmati do każdej filiżanki przed podaniem.

66. Zupa imbirowo-sojowa

SKŁADNIKI:

- 2 szklanki zwykłego niesłodzonego mleka sojowego
- ¼ szklanki (59 ml) Adarak Masala
- ½ łyżeczki grubej soli morskiej
- ½ łyżeczki czerwonego chili w proszku lub cayenne
- 1–3 zielone chili tajskie, serrano lub cayenne, posiekane
- ½ szklanki (119 ml) wody (opcjonalnie)
- ¼ szklanki (4 g) posiekanej świeżej kolendry

INSTRUKCJE:

a) W garnku ustawionym na średnim ogniu doprowadź mleko sojowe do lekkiego wrzenia.

b) Dodaj Adarak Masala, sól, czerwone chili w proszku, zielone chili i wodę (jeśli używasz).

c) Zagotuj, dodaj kolendrę i podawaj z gęstym roti lub naan.

67.Zupa Seitan Mulligatawny

SKŁADNIKI:
- 1 szklanka (192 g) suszonej czerwonej soczewicy (brązowej) (masoor dal), oczyszczonej i umytej
- 8 szklanek (1,90 l) wody
- 1 średnia cebula, obrana i grubo posiekana
- 2 średnie pomidory, obrane i grubo posiekane (1 czubata szklanka [160 g])
- 1 mały ziemniak, obrany i pokrojony w kostkę
- 1 łyżka całych ziaren czarnego pieprzu
- 1 łyżeczka kurkumy w proszku
- 1 (8 uncji [227 g]) opakowanie zwykłego seitanu, odsączonego i pokrojonego na małe kawałki (2 filiżanki)
- 2 łyżeczki grubej soli morskiej
- 1 łyżeczka mielonego czarnego pieprzu
- 1 łyżka gramowej mąki (z ciecierzycy) (besan)
- 3 łyżki oleju
- 3 łyżki pasty imbirowo-czosnkowej
- 2 łyżeczki mielonego kminku
- 2 łyżeczki mielonej kolendry
- 1 łyżeczka czerwonego chili w proszku lub cayenne
- Sok z 1 cytryny

INSTRUKCJE:

a) Do dużego, ciężkiego garnka włóż soczewicę, wodę, cebulę, pomidory, ziemniaki, ziarna pieprzu i kurkumę. Doprowadzić do wrzenia na średnim ogniu, a następnie zmniejszyć ogień do wrzenia.
b) Gotuj pod częściowym przykryciem przez 20 minut.
c) W międzyczasie wymieszaj seitan, sól i mielony czarny pieprz.
d) Gdy zupa się skończy, zmiksuj ją na gładką masę za pomocą blendera zanurzeniowego, zwykłego lub mocniejszego. W razie potrzeby mieszaj partiami.
e) Lekko posyp seitan gramową mąką.
f) Na małej patelni rozgrzej olej na średnim ogniu.
g) Dodaj pastę imbirowo-czosnkową i smaż przez 1 do 2 minut. (Miej pod ręką pokrywkę; olej może się rozpryskać. Mieszaj i w razie potrzeby zmniejsz ogień.)
h) Dodaj kminek, kolendrę i proszek z czerwonego chili i mieszaj przez 1 minutę.
i) Dodaj mieszaninę seitanu i gotuj przez kolejne 3 minuty, aż lekko się zrumieni.
j) Dodaj tę mieszaninę do zupy i zagotuj.
k) Dodaj sok z cytryny.
l) Podawać gorące, w miseczkach. Możesz także dodać łyżkę ugotowanego ryżu do każdej miski przed dodaniem zupy, aby dodać tekstury.

68. Pikantna zielona zupa

SKŁADNIKI:
- 2 łyżki oleju
- 1 łyżeczka nasion kminku
- 2 liście kasji
- 1 średnia żółta cebula, obrana i grubo posiekana
- 1 kawałek korzenia imbiru, obrany i starty lub posiekany
- 10 ząbków czosnku, obranych i grubo posiekanych
- 1 mały ziemniak, obrany i grubo posiekany
- 1–2 zielone chili tajskie, serrano lub cayenne, posiekane
- 2 szklanki (290 g) groszku, świeżego lub mrożonego
- 2 szklanki (60 g) pakowanych posiekanych warzyw
- 6 szklanek wody
- ½ szklanki (8 g) posiekanej świeżej kolendry
- 2 łyżeczki grubej soli morskiej
- ½ łyżeczki mielonej kolendry
- ½ łyżeczki prażonego mielonego kminku
- Sok z ½ cytryny
- Grzanki, do dekoracji

INSTRUKCJE:

a) W głębokim, ciężkim garnku do zupy rozgrzej olej na średnim ogniu.

b) Dodaj nasiona kminku i liście kasji i podgrzewaj, aż nasiona zaczną skwierczeć, około 30 sekund.

c) Dodać cebulę, korzeń imbiru i czosnek. Gotuj przez kolejne 2 minuty, od czasu do czasu mieszając.

d) Dodaj ziemniaka i gotuj przez kolejne 2 minuty.

e) Dodaj chili, groszek i warzywa. Gotuj 1 do 2 minut, aż warzywa zwiędną.

f) Dodaj wodę. Doprowadzić do wrzenia, zmniejszyć ogień i gotować pod przykryciem przez 5 minut.

g) Dodaj kolendrę.

h) Usuń liść czarnej porzeczki lub liść laurowy i zmiksuj blenderem zanurzeniowym.

i) Zupę włóż z powrotem do garnka. Dodać sól, kolendrę i mielony kminek. Zagotuj zupę ponownie. Dodaj sok z cytryny.

69. Południowoindyjska zupa pomidorowa i tamaryndowa

SKŁADNIKI:

- ½ szklanki (96 g) suszonego, łupanego i obranego groszku gołębi (toor dal), oczyszczonego i umytego
- 4 średnie pomidory, obrane i grubo posiekane (4 szklanki [640 g])
- 1 kawałek korzenia imbiru, obrany i starty lub posiekany
- 2 łyżeczki grubej soli morskiej
- 1 łyżeczka kurkumy w proszku
- 1 szklanka (237 ml) soku z tamaryndowca
- 2 łyżki proszku Rasam
- 7 szklanek (1,66 l) wody
- 1 łyżka oleju
- 1 łyżeczka nasion czarnej gorczycy
- 1 łyżeczka nasion kminku
- 15–20 liści curry, grubo posiekanych
- 1 czubata łyżka posiekanej świeżej kolendry do dekoracji
- Kawałki cytryny do dekoracji

INSTRUKCJE:

a) Do wolnowaru włóż groszek gołębi, pomidory, korzeń imbiru, sól, kurkumę, sok z tamaryndowca, proszek Rasam i wodę. Gotuj na wysokim poziomie przez 3,5 godziny.

b) Zmiksuj blenderem zanurzeniowym, w blenderze tradycyjnym lub w blenderze o dużej mocy.

c) W międzyczasie na płycie kuchennej przygotuj tartę. Na patelni rozgrzej olej na średnim ogniu. Dodaj musztardę i kminek i gotuj, aż mieszanina zacznie skwierczeć, około 30 sekund. Dodaj liście curry i smaż, aż liście staną się lekko brązowe i zaczną się zwijać. Pamiętaj, aby od czasu do czasu mieszać, aby przyprawy się nie przypaliły. Po 1–2 minutach włóż gorącą mieszaninę do wolnowaru.

d) Gotuj zupę przez kolejne 30 minut i natychmiast podawaj, udekorowaną kolendrą i plasterkiem cytryny.

70. Zupa Z Soczewicy Z Przyprawami (Zupa Masoor Dal)

SKŁADNIKI:

- 1 szklanka czerwonej soczewicy (dal masoor), umytej i namoczonej
- 1 cebula, drobno posiekana
- 1 pomidor, posiekany
- 1 marchewka, pokrojona w kostkę
- 1 łodyga selera, posiekana
- 2 ząbki czosnku, posiekane
- 1-calowy imbir, starty
- 1 łyżeczka nasion kminku
- 1 łyżeczka kurkumy w proszku
- 1 łyżeczka mielonej kolendry
- 1/2 łyżeczki czerwonego chili w proszku
- Sól dla smaku
- 4 szklanki bulionu warzywnego lub drobiowego
- Świeże liście kolendry do dekoracji

INSTRUKCJE:

a) W garnku rozgrzej olej i dodaj nasiona kminku. Gdy się zarumienią, dodać posiekaną cebulę, czosnek i imbir.

b) Smażyć, aż cebula będzie przezroczysta, następnie dodać pokrojone pomidory, kurkumę w proszku, kolendrę w proszku i czerwone chili w proszku.

c) Dodać namoczoną soczewicę, pokrojoną w kostkę marchewkę, seler i sól. Dobrze wymieszaj.

d) Wlać bulion i doprowadzić zupę do wrzenia. Gotuj, aż soczewica i warzywa będą miękkie.

e) Przed podaniem udekoruj świeżymi liśćmi kolendry.

71.Zupa Pomidorowo-Kminkowa

SKŁADNIKI:

- 4 duże pomidory, posiekane
- 1 cebula, posiekana
- 2 ząbki czosnku, posiekane
- 1 łyżeczka nasion kminku
- 1/2 łyżeczki czerwonego chili w proszku
- 1/2 łyżeczki cukru
- Sól dla smaku
- 4 szklanki bulionu warzywnego
- Świeże liście kolendry do dekoracji

INSTRUKCJE:

a) W garnku rozgrzej olej i dodaj nasiona kminku. Gdy się zarumienią, dodać posiekaną cebulę i czosnek.
b) Smażyć, aż cebula stanie się złotobrązowa, następnie dodać pokrojone pomidory, czerwone chili w proszku, cukier i sól.
c) Gotuj, aż pomidory będą miękkie i papkowate.
d) Wlać bulion warzywny i doprowadzić zupę do wrzenia.
e) Przed podaniem udekoruj świeżymi liśćmi kolendry.

72. Pikantna Zupa Dyniowa

SKŁADNIKI:

- 2 szklanki dyni, pokrojonej w kostkę
- 1 cebula, posiekana
- 2 ząbki czosnku, posiekane
- 1-calowy imbir, starty
- 1 łyżeczka nasion kminku
- 1/2 łyżeczki mielonej kolendry
- 1/2 łyżeczki cynamonu w proszku
- szczypta gałki muszkatołowej
- Sól i pieprz do smaku
- 4 szklanki bulionu warzywnego
- 1/2 szklanki mleka kokosowego
- Świeża kolendra do dekoracji

INSTRUKCJE:

a) W garnku rozgrzej olej i dodaj nasiona kminku. Gdy się zarumienią, dodać posiekaną cebulę, czosnek i imbir.
b) Smażyć, aż cebula będzie przezroczysta, następnie dodać pokrojoną w kostkę dynię, sproszkowaną kolendrę, mielony cynamon, gałkę muszkatołową, sól i pieprz.
c) Gotujemy kilka minut, po czym zalewamy bulionem warzywnym i gotujemy do miękkości dyni.
d) Zmiksuj zupę na gładką masę, włóż ją z powrotem do garnka i dodaj mleko kokosowe.
e) Przed podaniem udekoruj świeżą kolendrą.

73. Pikantny Pomidorowy Rasam

SKŁADNIKI:
- 2 duże pomidory, posiekane
- 1/2 szklanki ekstraktu z tamaryndowca
- 1 łyżeczka nasion gorczycy
- 1 łyżeczka nasion kminku
- 1/2 łyżeczki czarnego pieprzu
- 1/2 łyżeczki kurkumy w proszku
- 1/2 łyżeczki proszku rasam
- Szczypta asafetydy (hing)
- Liście curry
- Liście kolendry do dekoracji
- Sól dla smaku

INSTRUKCJE:
a) W garnku rozgrzej olej i dodaj nasiona gorczycy. Gdy zaczną bulgotać, dodaj nasiona kminku, czarny pieprz i liście curry.
b) Dodaj pokrojone pomidory, kurkumę w proszku, rasam w proszku, asafetydę i sól. Gotuj, aż pomidory będą miękkie.
c) Wlać ekstrakt z tamaryndowca i doprowadzić rasam do wrzenia. Dusić przez kilka minut.
d) Przed podaniem udekoruj liśćmi kolendry.

74.Zupa z kolendry i mięty

SKŁADNIKI:
- 1 szklanka świeżych liści kolendry
- 1/2 szklanki świeżych liści mięty
- 1 cebula, posiekana
- 2 ząbki czosnku, posiekane
- 1 łyżeczka nasion kminku
- 1/2 łyżeczki mielonej kolendry
- 1/2 łyżeczki czarnego pieprzu
- 4 szklanki bulionu warzywnego
- Sól dla smaku
- Kawałki cytryny do podania

INSTRUKCJE:
a) W garnku rozgrzej olej i dodaj nasiona kminku. Gdy się zarumienią, dodać posiekaną cebulę i czosnek.
b) Smażyć, aż cebula będzie przezroczysta, następnie dodać świeże liście kolendry, liście mięty, proszek kolendry, czarny pieprz i sól.
c) Gotujemy kilka minut, po czym zalewamy bulionem warzywnym i gotujemy do miękkości ziół.
d) Zmiksuj zupę na gładką masę, włóż ją ponownie do garnka i w razie potrzeby dopraw do smaku.
e) Podawać z odrobiną cytryny.

CURRY

75. Curry dyniowe z pikantnymi pestkami

SKŁADNIKI:
- 3 szklanki dyni – pokrojonej na 1-2 cm kawałki
- 2 łyżki oleju
- ½ łyżki nasion gorczycy
- ½ łyżki nasion kminku
- Uszczypnij asafetydę
- 5-6 liści curry
- ¼ łyżki nasion kozieradki
- 1/4 łyżki nasion kopru włoskiego
- 1/2 łyżki startego imbiru
- 1 łyżka pasty z tamaryndowca
- 2 łyżki – suszonego, zmielonego kokosa
- 2 łyżki prażonych, mielonych orzeszków ziemnych
- Sól i brązowy cukier lub jaggery do smaku
- Świeże liście kolendry

INSTRUKCJE:

a) Rozgrzej olej i dodaj nasiona gorczycy. Gdy wyskoczą, dodaj kminek, kozieradkę, asafetydę, imbir, liście curry i koper włoski. Gotuj przez 30 sekund.

b) Dodaj dynię i sól. Dodać pastę tamaryndową lub wodę z miąższem w środku. Dodaj cukier trzcinowy lub brązowy. Dodaj zmielony kokos i proszek orzechowy. Gotuj jeszcze kilka minut. Dodaj świeżą posiekaną kolendrę.

76. Curry rybne z tamaryndowca

SKŁADNIKI:

- 11/2 funta siei, pokrojonej na kawałki
- 3/4 łyżeczki i 1/2 łyżeczki kurkumy w proszku
- 2 łyżeczki miąższu tamaryndowca namoczonego w 1/4 szklanki gorącej wody przez 10 minut
- 3 łyżki oleju roślinnego
- 1/2 łyżeczki nasion czarnej gorczycy
- 1/4 łyżeczki nasion kozieradki
- 8 świeżych liści curry
- duża cebula, posiekana
- Zielone chilli Serrano, pozbawione pestek i posiekane
- małe pomidory, posiekane
- 2 suszone czerwone chilli, z grubsza rozbite
- 1 łyżeczka nasion kolendry, z grubsza rozbitych
- 1/2 szklanki niesłodzonego suszonego kokosa
- Sól kuchenna do smaku
- 1 szklanka wody

INSTRUKCJE:

a) Rybę włóż do miski. Dobrze natrzyj 3/4 łyżeczki kurkumy i odstaw na około 10 minut. Opłucz i osusz.

b) Odcedź tamaryndowca i odstaw płyn. Wyrzucić pozostałości.

c) Na dużej patelni rozgrzej olej roślinny. Dodaj nasiona gorczycy i nasiona kozieradki. Kiedy zaczną pryskać, dodaj liście curry, cebulę i zielone chilli. Smażyć przez 7 do 8 minut lub do momentu, aż cebula będzie dobrze rumiana.

d) Dodaj pomidory i smaż przez kolejne 8 minut lub do momentu, aż olej zacznie oddzielać się od boków mieszanki. Dodaj pozostałą 1/2 łyżeczki kurkumy, czerwone chilli, nasiona kolendry, kokos i sól; dobrze wymieszaj i gotuj przez kolejne 30 sekund.

e) Dodaj wodę i przecedzony tamaryndowiec; doprowadzić do wrzenia. Zmniejsz ogień i dodaj rybę. Gotuj na małym ogniu przez 10 do 15 minut lub do momentu całkowitego ugotowania ryby. Podawać na gorąco.

77. Łosoś w curry o smaku szafranowym

SKŁADNIKI:

- 4 łyżki oleju roślinnego
- 1 duża cebula, drobno posiekana
- łyżeczka pasty imbirowo-czosnkowej
- 1/2 łyżeczki czerwonego chili w proszku
- 1/4 łyżeczki kurkumy w proszku
- łyżeczki mielonej kolendry
- Sól kuchenna do smaku
- 1-funtowy łosoś bez kości i
- pokrojone w kostkę
- 1/2 szklanki jogurtu naturalnego, ubitego
- 1 łyżeczka prażonego szafranu

INSTRUKCJE:

a) Na dużej patelni z powłoką nieprzywierającą rozgrzej olej roślinny. Dodaj cebulę i smaż przez 3 do 4 minut lub do momentu, aż będzie przezroczysta. Dodaj pastę imbirowo-czosnkową i smaż przez 1 minutę.

b) Dodaj czerwone chili w proszku, kurkumę, kolendrę i sól; Dobrze wymieszać. Dodaj łososia i smaż przez 3 do 4 minut. Dodaj jogurt i zmniejsz ogień. Gotuj, aż łosoś się ugotuje. Dodaj szafran i dobrze wymieszaj. Gotuj przez 1 minutę. Podawać na gorąco.

78.Curry z Okry

SKŁADNIKI:

- 250 g okry (palec damski) – pokrojonej na centymetrowe kawałki
- 2 łyżki startego imbiru
- 1 łyżka nasion gorczycy
- 1/2 łyżki nasion kminku
- 2 łyżki oleju
- Sól dla smaku
- Uszczypnij asafetydę
- 2-3 łyżki sproszkowanych prażonych orzeszków ziemnych
- Lisc kolendry

INSTRUKCJE:

a) Rozgrzej olej i dodaj nasiona gorczycy. Gdy wyskoczą, dodaj kminek, asafetydę i imbir. Gotuj przez 30 sekund.

b) Dodaj okrę i sól i mieszaj, aż ugotują się. Dodaj proszek orzechowy, gotuj przez kolejne 30 sekund.

c) Podawać z liśćmi kolendry.

79. Curry warzywno-kokosowe

SKŁADNIKI:

- 2 średniej wielkości ziemniaki, pokrojone w kostkę
- 1 1/2 szklanki kalafiora – podzielonego na różyczki
- 3 pomidory pokrojone w duże kawałki
- 1 łyżka oleju
- 1 łyżka nasion gorczycy
- 1 łyżka nasion kminku
- 5-6 liści curry
- Szczypta kurkumy – opcjonalnie
- 1 łyżka startego imbiru
- Świeże liście kolendry
- Sól dla smaku
- Świeży lub suszony kokos – rozdrobniony

INSTRUKCJE:

a) Rozgrzej olej, następnie dodaj nasiona gorczycy. Gdy wyskoczą, dodaj pozostałe przyprawy i smaż przez 30 sekund.

b) Dodaj kalafior, pomidor i ziemniak oraz odrobinę wody, przykryj i gotuj na wolnym ogniu, mieszając od czasu do czasu, aż się ugotują. Powinno pozostać trochę płynu. Jeśli wolisz wytrawne curry, to smaż przez kilka minut, aż woda odparuje.

c) Dodaj kokos, sól i liście kolendry.

80. Podstawowe curry warzywne

SKŁADNIKI:

- 250 g warzyw – posiekanych
- 1 łyżeczka oleju
- ½ łyżeczki nasion gorczycy
- ½ łyżeczki nasion kminku
- Uszczypnij asafetydę
- 4-5 liści curry
- ¼ łyżeczki kurkumy
- ½ łyżeczki mielonej kolendry
- Szczypta chili w proszku
- Tarty imbir
- Świeże liście kolendry
- Cukier/jaggery i sól do smaku
- Świeży lub suszony kokos

INSTRUKCJE:

a) Warzywa pokroić na małe kawałki (1-2 cm), w zależności od warzywa.
b) Rozgrzej olej, następnie dodaj nasiona gorczycy. Gdy wyskoczą, dodaj kminek, imbir i pozostałe przyprawy.
c) Dodać warzywa i gotować. W tym momencie możesz smażyć warzywa, aż będą ugotowane lub dodać trochę wody, przykryć garnek i gotować na wolnym ogniu.
d) Gdy warzywa się ugotują, dodaj cukier, sól, kokos i kolendrę.

81.Curry z kapusty

SKŁADNIKI:
- 3 szklanki kapusty – posiekanej
- 1 łyżeczka oleju
- 1 łyżeczka nasion gorczycy
- 1 łyżeczka nasion kminku
- 4-5 liści curry
- Opcjonalnie szczypta kurkumy
- 1 łyżeczka startego imbiru
- Świeże liście kolendry
- Soli do smaku
- Opcjonalnie – ½ szklanki zielonego groszku

INSTRUKCJE:

a) Rozgrzej olej, następnie dodaj nasiona gorczycy. Gdy wyskoczą, dodaj pozostałe przyprawy i smaż przez 30 sekund.

b) Dodaj kapustę i inne warzywa, jeśli używasz, od czasu do czasu mieszając, aż będą dokładnie ugotowane. W razie potrzeby można dodać wodę.

c) Dodać sól do smaku i liście kolendry.

82.Curry z kalafiora

SKŁADNIKI:
- 3 szklanki kalafiora – podzielonego na różyczki
- 2 pomidory – pokrojone
- 1 łyżeczka oleju
- 1 łyżeczka nasion gorczycy
- 1 łyżeczka nasion kminku
- Szczypta Kurkumy
- 1 łyżeczka startego imbiru
- Świeże liście kolendry
- Sól dla smaku
- Świeży lub suszony kokos – rozdrobniony

INSTRUKCJE:

a) Rozgrzej olej, następnie dodaj nasiona gorczycy. Gdy wyskoczą, dodaj pozostałe przyprawy i smaż przez 30 sekund. Jeśli używasz, dodaj na tym etapie pomidory i gotuj przez 5 minut.

b) Dodaj kalafior i odrobinę wody, przykryj i gotuj na wolnym ogniu, mieszając od czasu do czasu, aż całkowicie się ugotuje. Jeśli wolisz bardziej wytrawne curry, w ciągu ostatnich kilku minut zdejmij pokrywkę i usmaż. Na kilka ostatnich minut dodać kokos.

83. Curry z kalafiora i ziemniaków

SKŁADNIKI:
- 2 szklanki kalafiora – podzielonego na różyczki
- 2 średniej wielkości ziemniaki, pokrojone w kostkę
- 1 łyżeczka oleju
- 1 łyżeczka nasion gorczycy
- 1 łyżeczka nasion kminku
- 5-6 liści curry
- Szczypta kurkumy – opcjonalnie
- 1 łyżeczka startego imbiru
- Świeże liście kolendry
- Sól dla smaku
- Świeży lub suszony kokos – rozdrobniony
- Sok z cytryny – do smaku

INSTRUKCJE:
a) Rozgrzej olej, następnie dodaj nasiona gorczycy. Gdy wyskoczą, dodaj pozostałe przyprawy i smaż przez 30 sekund.
b) Dodaj kalafior i ziemniaki oraz odrobinę wody, przykryj i gotuj na wolnym ogniu, mieszając od czasu do czasu, aż będą prawie ugotowane.
c) Zdejmij pokrywkę i smaż, aż warzywa będą ugotowane, a woda odparuje.
d) Dodać kokos, sól, liście kolendry i sok z cytryny.

84. Mieszanka curry z warzyw i soczewicy

SKŁADNIKI:

- ¼ szklanki toor lub mung dal
- ½ szklanki warzyw – pokrojonych w plasterki
- 1 szklanka wody
- 2 łyżeczki oleju
- ½ łyżeczki nasion kminku
- ½ łyżeczki startego imbiru
- 5-6 liści curry
- 2 pomidory – pokrojone
- Cytryna lub tamaryndowiec do smaku
- Jaggery do smaku
- ½ soli lub do smaku
- Sambhar masala
- Lisc kolendry
- Świeży lub suszony kokos

INSTRUKCJE:

a) Gotuj razem dall i warzywa w szybkowarze 15-20 minut (1 gwizdek) lub w garnku.

b) Na osobnej patelni rozgrzej olej, dodaj nasiona kminku, imbir i liście curry. Dodać pomidory i gotować 3-4 minuty.

c) Dodaj mieszankę sambhar masala i mieszankę warzywnego dal.

d) Gotuj razem przez minutę, a następnie dodaj tamaryndowca lub cytrynę, jaggery i sól. Gotuj jeszcze 2-3 minuty. Udekoruj kokosem i kolendrą

85. Curry z ziemniaków, kalafiora i pomidorów

SKŁADNIKI:

- 2 średniej wielkości ziemniaki, pokrojone w kostkę
- 1 1/2 szklanki kalafiora podzielonego na różyczki
- 3 pomidory pokrojone w duże kawałki
- 1 łyżeczka oleju
- 1 łyżeczka nasion gorczycy
- 1 łyżeczka nasion kminku
- 5-6 liści curry
- Szczypta kurkumy – opcjonalnie
- 1 łyżeczka startego imbiru
- Świeże liście kolendry
- Świeży lub suszony kokos – rozdrobniony

INSTRUKCJE:

a) Rozgrzej olej, następnie dodaj nasiona gorczycy. Gdy wyskoczą, dodaj pozostałe przyprawy i smaż przez 30 sekund.

b) Dodaj kalafior, pomidor i ziemniak oraz odrobinę wody, przykryj i gotuj na wolnym ogniu, mieszając od czasu do czasu, aż się ugotują. Dodaj kokos, sól i liście kolendry.

86. curry dyniowe

SKŁADNIKI:
- 3 szklanki dyni – pokrojonej na 1-2 cm kawałki
- 2 łyżeczki oleju
- ½ łyżeczki nasion gorczycy
- ½ łyżeczki nasion kminku
- Uszczypnij asafetydę
- 5-6 liści curry
- ¼ łyżeczki nasion kozieradki
- 1/4 łyżeczki nasion kopru włoskiego
- 1/2 łyżeczki startego imbiru
- 1 łyżeczka pasty z tamaryndowca
- 2 łyżki – suszonego, zmielonego kokosa
- 2 łyżki prażonych, mielonych orzeszków ziemnych
- Sól i brązowy cukier lub jaggery do smaku
- Świeże liście kolendry

INSTRUKCJE:

a) Rozgrzej olej i dodaj nasiona gorczycy. Gdy wyskoczą, dodaj kminek, kozieradkę, asafetydę, imbir, liście curry i koper włoski. Gotuj przez 30 sekund.

b) Dodaj dynię i sól.

c) Dodać pastę tamaryndową lub wodę z miąższem w środku. Dodaj cukier trzcinowy lub brązowy.

d) Dodaj zmielony kokos i proszek orzechowy. Gotuj jeszcze kilka minut.

e) Dodaj świeżą posiekaną kolendrę.

87.Smażyć Warzywa

SKŁADNIKI:
- 3 szklanki posiekanych warzyw
- 2 łyżeczki startego imbiru
- 1 łyżeczka oleju
- ¼ łyżeczki asafetydy
- 1 łyżka sosu sojowego
- Świeże zioła

INSTRUKCJE:

a) Rozgrzej olej na patelni. Dodaj asafetydę i imbir. Smaż przez 30 sekund.

b) Dodaj warzywa, które wymagają najdłuższego gotowania, takie jak ziemniaki i marchewka. Smaż przez minutę, następnie dodaj trochę wody, przykryj i gotuj na wolnym ogniu, aż do połowy ugotowane.

c) Dodaj pozostałe warzywa, takie jak pomidor, słodka kukurydza i zielona papryka. Dodać sos sojowy, cukier i sól. Przykryj i gotuj, aż będzie prawie ugotowany.

d) Zdjąć pokrywkę i smażyć jeszcze kilka minut.

e) Dodaj świeże zioła i odczekaj kilka minut, aż zioła zmieszają się z warzywami.

88.Curry Pomidorowe

SKŁADNIKI:

- 250 g pomidorów – pokrojonych na centymetrowe kawałki
- 1 łyżeczka oleju
- ½ łyżeczki nasion gorczycy
- ½ łyżeczki nasion kminku
- 4-5 liści curry
- Szczypta Kurkumy
- Uszczypnij asafetydę
- 1 łyżeczka startego imbiru
- 1 ziemniak – ugotowany i rozgnieciony – opcjonalnie – do zagęszczenia
- 1 do 2 łyżek sproszkowanych prażonych orzeszków ziemnych
- 1 łyżka suszonego kokosa – opcjonalnie
- Cukier i sól do smaku
- Lisc kolendry

INSTRUKCJE:

a) Rozgrzej olej i dodaj nasiona gorczycy. Gdy wyskoczą, dodaj kminek, liście curry, kurkumę, asafetydę i imbir. Gotuj przez 30 sekund.

b) Dodaj pomidora i kontynuuj mieszanie od czasu do czasu, aż będzie ugotowany. Aby uzyskać bardziej płynne curry, można dodać wodę.

c) Dodaj prażone orzeszki ziemne w proszku, cukier, sól i kokos, jeśli używasz, oraz puree ziemniaczane. Gotuj przez kolejną minutę. Podawać ze świeżymi liśćmi kolendry.

89.Curry z białej dyni

SKŁADNIKI:

- 250 g tykwa biała baranina
- 1 łyżeczka oleju
- ½ łyżeczki nasion gorczycy
- ½ łyżeczki nasion kminku
- 4-5 liści curry
- Szczypta Kurkumy
- Uszczypnij asafetydę
- 1 łyżeczka startego imbiru
- 1 do 2 łyżek sproszkowanych prażonych orzeszków ziemnych
- Brązowy cukier i sól do smaku

INSTRUKCJE:

a) Rozgrzej olej i dodaj nasiona gorczycy. Gdy wyskoczą, dodaj kminek, liście curry, kurkumę, asafetydę i imbir. Gotuj przez 30 sekund.

b) Dodaj białą dynię, trochę wody, przykryj i gotuj na wolnym ogniu, mieszając od czasu do czasu, aż będzie ugotowana.

c) Dodaj sproszkowane prażone orzeszki ziemne, cukier i sól i gotuj przez kolejną minutę.

DESER

90.Babeczki Chai Latte

SKŁADNIKI:
NA MIESZANKĘ PRZYPRAW CHAI:
- 2 i ½ łyżeczki mielonego cynamonu
- 1 i ¼ łyżeczki mielonego imbiru
- 1 i ¼ łyżeczki mielonego kardamonu
- ½ łyżeczki zmielonego ziela angielskiego

NA babeczki:
- 1 torebka herbaty chai
- ½ szklanki (120 ml) pełnego mleka o temperaturze pokojowej
- 1 i ¾ szklanki (207 g) mąki tortowej (łyżką i wyrównaną)
- 3 i ½ łyżeczki mieszanki przypraw chai (powyżej)
- ¾ łyżeczki proszku do pieczenia
- ¼ łyżeczki sody oczyszczonej
- ¼ łyżeczki soli
- ½ szklanki niesolonego masła, zmiękczonego
- 1 szklanka granulowanego cukru
- 3 duże białka jaj w temperaturze pokojowej
- 2 łyżeczki czystego ekstraktu waniliowego
- ½ szklanki kwaśnej śmietany lub jogurtu naturalnego o temperaturze pokojowej

NA KREM MASŁANY Z PRZYPRAWAMI CHAI:
- 1 i ½ szklanki niesolonego masła, zmiękczonego
- 5,5 – 6 szklanek cukru pudru
- 2 łyżeczki mieszanki przypraw chai, podzielone
- ¼ szklanki gęstej śmietanki
- 2 łyżeczki czystego ekstraktu waniliowego
- Szczypta soli

OPCJONALNIE DO DEKORACJI:
- Laski cynamonu

INSTRUKCJE:
PRZYGOTUJ MIESZANKĘ PRZYPRAW CHAI:
a) Połącz wszystkie przyprawy chai, aby stworzyć mieszankę przypraw. Będziesz potrzebować łącznie 5 i ½ łyżeczki do ciasta na babeczki, kremu maślanego i dekoracji.
b) Podgrzej mleko, aż będzie gorące (ale nie wrzące), a następnie wlej je na torebkę herbaty chai. Pozwól mu parzyć przez 20-30 minut. Przed dodaniem mleka chai do ciasta na babeczki upewnij się, że ma ono temperaturę pokojową. Można to przygotować dzień wcześniej i przechowywać w lodówce.
c) Rozgrzej piekarnik do 177°C i wyłóż formę do muffinów papilotkami. Przygotuj drugą patelnię z 2-3 wkładami zgodnie z tym przepisem

ZROB Babeczki:
d) W osobnej misce wymieszaj mąkę tortową, 3 i ½ łyżeczki mieszanki przypraw chai, proszek do pieczenia, sodę oczyszczoną i sól. Odłóż tę suchą mieszaninę na bok.
e) Używając ręcznego lub stojącego miksera, ubijaj masło i granulowany cukier, aż masa będzie gładka i kremowa (około 2 minut). W razie potrzeby zeskrob boki miski. Dodaj białka i kontynuuj ubijanie, aż składniki się połączą (około 2 minuty). Wymieszaj śmietanę i ekstrakt waniliowy.
f) Przy niskiej prędkości stopniowo dodawaj suche składniki do mokrej mieszanki. Mieszaj aż do połączenia. Następnie, nie przerywając pracy miksera na niskich obrotach, powoli wlewaj mleko chai, mieszając aż do połączenia. Unikaj nadmiernego mieszania; Ciasto powinno być lekko gęste i aromatyczne.
g) Podzielić ciasto na papilotki, wypełniając każdą do około ⅔ wysokości.
h) Piecz przez 20-22 minuty lub do momentu, gdy wykałaczka wbita w środek będzie czysta.
i) Mini babeczki piecz przez około 11-13 minut w tej samej temperaturze piekarnika. Przed nałożeniem lukru poczekaj, aż babeczki całkowicie ostygną.
j) Przygotowanie kremu maślanego Chai Spice: Używając ręcznego lub stojącego miksera wyposażonego w łopatkę, ubijaj zmiękczone masło na średniej prędkości, aż stanie się kremowe (około 2 minut). Dodaj 5½ szklanki (660 g) cukru pudru, gęstą śmietankę, 1¾ łyżeczki mieszanki przypraw chai, ekstrakt waniliowy i szczyptę soli.

k) Zacznij od niskiej prędkości przez 30 sekund, następnie zwiększ ją do wysokiej i ubijaj przez 2 minuty. Jeśli lukier wydaje się zsiadły lub tłusty, dodaj więcej cukru pudru, aby uzyskać gładką konsystencję.
l) W razie potrzeby możesz dodać maksymalnie ½ szklanki cukru pudru. Jeżeli lukier jest zbyt gęsty, dodać łyżkę śmietanki. Spróbuj i dopraw solą, jeśli lukier jest zbyt słodki.
m) Posmaruj ostudzone babeczki i udekoruj według uznania. Użyj końcówki do wyciskania Wilton 8B, dodaj laski cynamonu do dekoracji i posyp mieszanką pozostałej mieszanki przypraw Chai i szczyptą granulowanego cukru.
n) Wszelkie pozostałości przechowuj w lodówce do 5 dni.
o) Ciesz się domowymi babeczkami chai latte!

91. Masala Panna Cotta

SKŁADNIKI:

- ¼ szklanki mleka
- 1 łyżka liści herbaty
- 1 laska cynamonu
- 2 ząbki kardamonu
- ½ łyżeczki gałki muszkatołowej
- 2 szklanki świeżej śmietanki
- ⅓ szklanki cukru
- Szczypta czarnego pieprzu
- 1 łyżeczka ekstraktu waniliowego
- 1 łyżeczka żelatyny
- 3 łyżki zimnej wody

INSTRUKCJE:

a) Zacznij od nasmarowania wnętrz czterech sześciouncjowych kokilek odrobiną oleju. Wytrzyj je, aby usunąć nadmiar oleju.
b) W rondlu wymieszaj mleko, liście herbaty, cynamon, kardamon i gałkę muszkatołową. Doprowadź do wrzenia, następnie zmniejsz ogień i gotuj na wolnym ogniu przez 2-3 minuty.
c) Do rondla dodać śmietanę, cukier i szczyptę czarnego pieprzu. Ubijaj na małym ogniu, aż cukier całkowicie się rozpuści. Wymieszać z ekstraktem waniliowym.
d) Podczas gdy mieszanina się gotuje, rozpuść żelatynę, dodając ją do zimnej wody. Gdy już całkowicie rozkwitnie, dodaj ją do mieszanki panna cotta, upewniając się, że jest dobrze połączona.
e) Odcedź mieszaninę za pomocą sita i gazy, aby usunąć pozostały osad. Podzielić tę gładką mieszaninę na przygotowane ramekiny i pozostawić do ostygnięcia do temperatury pokojowej. Następnie przechowuj je w lodówce przez co najmniej 3 godziny, ale można je przechowywać w lodówce nawet przez jeden dzień.
f) Aby wyjąć panna cottę z formy, delikatnie przeciągnij nożem wzdłuż krawędzi każdego kokilka. Następnie zanurzamy kokilki na krótko w ciepłej wodzie na około 3-4 sekundy. Pozwól im usiąść przez kolejne 5 sekund, a następnie przełóż je na talerz. Delikatnie dotknij, aby ułatwić uwolnienie panna cotty.
g) Rozkoszuj się wykwintną Masala Chai Panna Cotta!

92. Pudding ryżowy masala

SKŁADNIKI:
NA RYŻ:
- 1 ½ szklanki wody
- 1 (3-calowa) laska cynamonu
- 1 cały anyż gwiazdkowaty
- 1 szklanka ryżu jaśminowego

NA PUDDING:
- 1 ¼ łyżeczki mielonego cynamonu i więcej do dekoracji
- 1 łyżeczka mielonego imbiru
- ¾ łyżeczki mielonego kardamonu
- ½ łyżeczki soli koszernej
- Szczypta zmielonego czarnego pieprzu
- 1 łyżeczka ekstraktu waniliowego
- 3 (13 ½ uncji) puszki niesłodzonego mleka kokosowego, podzielone
- 1 szklanka zapakowanego brązowego cukru
- Prażone płatki kokosowe, opcjonalny dodatek

INSTRUKCJE:

a) W 4-litrowym garnku połącz wodę, laskę cynamonu i anyż gwiazdkowaty, a następnie zagotuj wodę na średnim ogniu. Dodaj ryż i zmniejsz ogień do niskiego. Przykryj garnek i gotuj na parze, aż przestanie być chrupiący, około 15 minut.

b) W małej misce wymieszaj przyprawy. Dodaj ekstrakt waniliowy i ¼ szklanki mleka kokosowego do przypraw i wymieszaj, aż powstanie gładka pasta. Zapobiegnie to zlepianiu się przypraw po dodaniu ich do gotowanego na parze ryżu.

c) Gdy ryż się ugotuje, dodaj do garnka 4 szklanki mleka kokosowego i pastę przyprawową. Zeskrob dno garnka, aby poluzować ryż, który mógł utknąć.

d) Doprowadzić mieszaninę do delikatnego wrzenia na małym ogniu, bez przykrycia i gotować bez mieszania przez 15 minut. Na powierzchni puddingu ryżowego powinny pojawić się małe bąbelki; jeśli duże, szybko poruszające się bąbelki przebiją powierzchnię mleka, obniż temperaturę. Nie mieszaj, bo nie chcesz, żeby ryż się rozpadł. Na powierzchni utworzy się skórka, ale to nic złego!

e) Po 15 minutach dodać brązowy cukier i wymieszać budyń (zamieszać także powstałą skórkę). Kiedy zeskrobujesz dno garnka, usłyszysz dźwięk przypominający szelest papieru. Gotuj na wolnym ogniu przez

kolejne 20 minut, często mieszając, lub do momentu, aż budyń zgęstnieje do konsystencji majonezu.
f) Wyjmij laskę cynamonu i anyż gwiazdkowaty z budyniu i wyrzuć. Przenieś budyń do płytkiego naczynia (np. talerza do ciasta lub naczynia żaroodpornego) i wstaw do lodówki bez przykrycia, aż ostygnie, co najmniej 3 godziny lub maksymalnie przez całą noc.
g) Tuż przed podaniem dodaj resztę mleka kokosowego. Rozłóż budyń łyżką do poszczególnych naczyń i udekoruj posypką mielonego cynamonu i prażonymi płatkami kokosowymi.
h) Resztki przechowuj w zakrytym pojemniku w lodówce do 3 dni.

93.Chai Lody

SKŁADNIKI:

- 2 gwiazdki anyżu
- 10 całych goździków
- 10 całe ziele angielskie
- 2 laski cynamonu
- 10 całych ziaren białego pieprzu
- 4 strąki kardamonu otwarte na nasiona
- ¼ szklanki mocnej czarnej herbaty (śniadanie cejlońskie lub angielskie)
- 1 szklanka mleka
- 2 szklanki gęstej śmietanki (podzielone na 1 filiżankę i 1 filiżankę)
- ¾ szklanki cukru
- Szczypta soli
- 6 żółtek (patrz jak rozdzielić jajka)

INSTRUKCJE:

a) Do ciężkiego rondla wlać 1 szklankę mleka, 1 szklankę śmietanki, przyprawy chai – anyż gwiazdkowaty, goździki, ziele angielskie, laski cynamonu, ziarna białego pieprzu i strąki kardamonu oraz szczyptę soli.

b) Podgrzewaj mieszaninę, aż zacznie parować (nie wrzeć) i być gorąca w dotyku. Zmniejsz ogień do ciepłego, przykryj i odstaw na 1 godzinę.

c) Podgrzej ponownie mieszaninę, aż będzie gorąca (znowu nie wrząca), dodaj liście czarnej herbaty, zdejmij z ognia, dodaj herbatę i pozostaw do zaparzenia na 15 minut.

d) Herbatę i przyprawy odcedź przez sitko o drobnych oczkach, a następnie wlej zaparzoną śmietankę mleczną do osobnej miski.

e) Wlej mieszaninę mleka i śmietanki do rondla o grubym dnie. Do masy mleczno-śmietanowej dodać cukier i podgrzewać, mieszając, aż cukier całkowicie się rozpuści.

f) Podczas gdy herbata parzy się w poprzednim kroku, przygotuj pozostałą 1 szklankę śmietanki w łaźni lodowej.

g) Wlać śmietankę do średniej wielkości metalowej miski i zalać ją wodą z lodem (z dużą ilością lodu) nad większą miską. Ustaw sitko na wierzchu misek. Odłóż na bok.

h) Żółtka ubić w średniej wielkości misce. Powoli wlewaj podgrzaną śmietankę mleczną do żółtek, cały czas mieszając, tak aby żółtka zostały zahartowane przez ciepłą mieszankę, ale nie ugotowane. Ogrzane żółtka zeskrobać z powrotem do rondla.
i) Wstaw rondelek z powrotem do pieca, stale mieszając mieszaninę na średnim ogniu drewnianą łyżką, zdrapując dno podczas mieszania, aż mieszanina zgęstnieje i pokryje łyżkę, tak że będziesz mógł przesuwać palcem po powłoce, tak aby powłoka nie spływała. Może to zająć około 10 minut.
j) Gdy tylko to nastąpi, mieszaninę należy natychmiast zdjąć z ognia i przelać przez sito nad łaźnią lodową, aby zatrzymać gotowanie w kolejnym kroku.

94.Sernik Masala

SKŁADNIKI:
MIESZANKA PRZYPRAW CHAI
- 1 łyżeczka mielonego imbiru
- 1 łyżeczka mielonego cynamonu
- Po ½ łyżeczki mielonych goździków, gałki muszkatołowej i kardamonu

SKORUPA
- 7 uncji herbatników Biscoff/Speculoos, drobno pokruszonych
- 1 uncja masła, roztopionego
- 1 ½ łyżeczki mieszanki przypraw Chai

NADZIENIE SERNIKOWE
- 16 uncji serka śmietankowego, zmiękczonego
- ½ szklanki czubatego cukru granulowanego
- 2 uncje kwaśnej śmietany
- 1 uncja gęstej śmietanki
- 1 strąk ziaren wanilii, oskrobany
- 2 łyżeczki mieszanki przypraw Chai
- 2 duże jajka w temperaturze pokojowej

BYCZY
- 8 uncji gęstej śmietanki do ubijania
- 1 łyżeczka ekstraktu waniliowego
- 2 łyżki cukru pudru
- 2 łyżeczki mleka w proszku w proszku

INSTRUKCJE:
MIESZANKA PRZYPRAW CHAI
a) Rozgrzej piekarnik do 350 F i nasmaruj 8-calową patelnię sprężynową lub 8-calową patelnię z wyjmowanym dnem. Odłóż ją na bok.

b) W małej misce wymieszaj mielony imbir, cynamon, goździki, gałkę muszkatołową i kardamon. Ubijaj, aż dobrze się połączą. Odłożyć na bok.

SKORUPA
c) W robocie kuchennym dodaj herbatniki Biscoff i pulsuj, aż staną się drobnymi okruchami.

d) Do dużej miski dodaj bułkę tartą, 1 ½ łyżeczki przypraw Chai i roztopione masło. Mieszaj, aby połączyć.

e) Równomiernie dociśnij mieszaninę do boków i dna patelni. Piec 10 minut w piekarniku.

SERNIK

f) Dodaj serek śmietankowy do miski miksera elektrycznego wyposażonego w przystawkę do łopatek. Ubijaj przez minutę.
g) Dodaj cukier, kwaśną śmietanę, śmietankę, laski wanilii i 2 łyżeczki przyprawy Chai. Mieszaj aż do połączenia.
h) Gdy składniki się połączą, dodawaj po jednym jajku, tylko do połączenia. Unikaj nadmiernego mieszania, aby zapobiec pęknięciom.
i) Na wcześniej upieczony spód wylać masę sernikową.
j) Umieść patelnię w okrągłej patelni o średnicy 10 cali lub owiń grubą warstwą folii wokół i po bokach patelni (zapobiegnie to przedostawaniu się wody do wnętrza patelni).
k) Umieścić patelnie w brytfance i wlać do niej wodę, tak aby sięgała do połowy wysokości foremek z sernikiem. Uważaj, aby nie rozpryskać wody wewnątrz sernika.
l) Piec przez 60-70 minut lub do momentu, aż tylko środek sernika zacznie się trząść.
m) Po upieczeniu wyłącz piekarnik i pozostaw sernik do wystudzenia w piekarniku na 1 godzinę. Następnie ostudź na blacie przez dodatkową godzinę i wstaw do lodówki na co najmniej 8 godzin. Najlepiej na noc.

BYCZY

n) W misie elektrycznego miksera z końcówką do ubijania ubij śmietankę, ekstrakt waniliowy, cukier puder i mleko w proszku, aż powstanie sztywna piana.
o) Do rękawa cukierniczego z końcówką w kształcie gwiazdki dodać bitą śmietanę i wycisnąć ją na schłodzony sernik.
p) Wierzch sernika i bitą śmietanę posyp pozostałymi przyprawami Chai.
q) Przechowywać w lodówce.

95. Masala Chai Tiramisu

SKŁADNIKI:

DLA MASALA CHAI:
- 1 szklanka mleka pół na pół lub pełnego
- ¼ szklanki gęstej śmietanki
- ½ cala świeżego imbiru, grubo utłuczonego w moździerzu
- 1,5 łyżki sypanej czarnej herbaty lub 3 torebki czarnej herbaty
- 1 łyżeczka chai masali
- 2 łyżki cukru

NA BITĄ ŚMIETANKĘ MASKARPONE:
- 8 uncji sera mascarpone w temperaturze pokojowej
- 1,5 szklanki gęstej śmietanki
- ½ szklanki granulowanego cukru (można zmniejszyć do ⅓ szklanki)
- 1,5 łyżeczki chai masali
- 20 biszkoptów

DLA CHAI MASALI:
- 8 zielonych strąków kardamonu
- 2 goździki
- Szczypta proszku anyżowego
- ¼ łyżeczki gałki muszkatołowej, świeżo startej
- ¼ łyżeczki czarnego pieprzu w proszku
- ½ łyżeczki mielonego cynamonu

INSTRUKCJE:

PRZYGOTUJ CHAI MASALA:
a) Otwórz strąki kardamonu i drobno utrzyj nasiona wraz z goździkami w moździerzu lub użyj specjalnego młynka do przypraw/kawy.
b) W małej misce wymieszaj sproszkowany kardamon i goździki z anyżem, gałką muszkatołową, czarnym pieprzem w proszku i mielonym cynamonem. Twoje chai masala jest gotowe.

PRZYGOTUJ MASALA CHAI:
c) W małym garnku wymieszaj pół na pół i gęstą śmietanę. Ustawić na kuchence. Gdy na ściankach garnka pojawią się bąbelki, dodaj imbir, chai masala, liście czarnej herbaty i cukier.
d) Pozwól mu się zagotować, a następnie zmniejsz ogień do średniego. Pozwól chai parzyć przez 5-8 minut. Uważnie obserwuj, aby uniknąć poparzenia.
e) Gdy chai będzie już gęste i uzyska intensywnie brązowy kolor, odcedź je przez sitko do dużej filiżanki i pozostaw do ostygnięcia.

f) Gdy chai ostygnie, utworzy się film, co jest naturalne, więc odcedź je ponownie i przełóż do małego naczynia.

PRZYGOTUJ BITĄ MASCARPONE:

g) Dodajemy zmiękczone mascarpone, chai masala i 2-3 łyżki gęstej śmietanki. Ubijaj na średnim poziomie za pomocą miksera stojącego lub ręcznego przez 30-45 sekund, aż masa będzie lekko puszysta.

h) Dodaj resztę gęstej śmietany do miski i ubijaj, aż zobaczysz miękkie szczyty. Powoli dodawaj cukier i kontynuuj ubijanie, aż masa będzie sztywna.

MONTAŻ TIRAMISU:

i) Zanurzaj biszkopty w masala chai na maksymalnie 3 sekundy (w przeciwnym razie rozmokną). Ułóż je w jednej warstwie na dnie patelni o wymiarach 8x8. Unikaj zbyt ciasnego pakowania biszkoptów.

j) Na wierzch biszkoptów dodaj połowę ubitej masy mascarpone. Wygładź go za pomocą szpatułki.

k) Powtórz tę czynność z kolejną warstwą biszkoptów zanurzonych w chai. Na wierzchu ułóż pozostałą masę mascarpone i wygładź ją szpatułką.

l) Przykryj patelnię folią spożywczą i włóż do lodówki na co najmniej 6 godzin (najlepiej na całą noc).

m) Przed podaniem posyp odrobiną chai masala.

96. Chrupiące jabłko z przyprawą Chai

SKŁADNIKI:
NA NADZIENIE JABŁKOWE Z PRZYPRAWĄ CHAI:
- 10 średniej wielkości jabłek, obranych i pokrojonych w ¼-calowe plasterki
- 2 łyżeczki świeżego soku z cytryny
- 2 łyżki mąki uniwersalnej
- ½ szklanki granulowanego cukru
- 1 i ½ łyżeczki mielonego cynamonu
- 1 łyżeczka mielonego imbiru
- ½ łyżeczki gałki muszkatołowej
- ¼ łyżeczki goździków
- ¼ łyżeczki ziela angielskiego
- ¼ łyżeczki mielonego kardamonu
- ⅛ łyżeczki mielonego czarnego pieprzu

NA KRUSZĄCYM POWIERZCHNI Z MASEK OWsiaNYCH CHAI:
- 8 uncji niesolonego masła w temperaturze pokojowej, pokrojonego w kostkę
- 1 i ½ szklanki tradycyjnych płatków owsianych
- ¾ szklanki granulowanego cukru
- ¾ szklanki jasnego brązowego cukru, mocno upakowanego
- ¾ łyżeczki mielonego cynamonu
- ½ łyżeczki mielonego imbiru
- ¼ łyżeczki mielonych goździków
- ¼ łyżeczki ziela angielskiego
- ¼ łyżeczki mielonego kardamonu
- ⅛ łyżeczki mielonego czarnego pieprzu
- 1 Mąkę o wszechstronnym przeznaczeniu

INSTRUKCJE:
NA NADZIENIE JABŁKOWE Z PRZYPRAWĄ CHAI:
a) Rozgrzej piekarnik do 375 stopni (F). Lekko natłuść naczynie do pieczenia o wymiarach 9 x 13 cali.
b) Pokrojone jabłka włóż do dużej miski i polej sokiem z cytryny.
c) W średniej misce wymieszaj mąkę, cukier i przyprawy. Posyp tę mieszaniną jabłka i dobrze wymieszaj, aby je pokryć.
d) Do przygotowanej formy do pieczenia wlać masę jabłkową i odstawić na czas przygotowania kruszonki.

NA KRUSZĄCYM POWIERZCHNI Z MASEK OWsiaNYCH CHAI:

e) W dużej misce wymieszaj płatki owsiane, cukier, przyprawy i mąkę.
f) Dodaj pokrojone w kostkę masło i za pomocą dwóch widelców lub blendera pokrój masło na suche składniki, aż mieszanina będzie przypominała gruboziarnisty posiłek.
g) Nadzieniem równomiernie posypać jabłka.
h) Włóż blachę do piekarnika i piecz przez 45 do 50 minut lub do momentu, aż wierzch będzie złotobrązowy, a jabłka zaczną bulgotać.
i) Wyjmij z piekarnika i umieść patelnię na stojaku do studzenia. Podawać na ciepło, najlepiej z lodami.

97. Kheer Przyprawiony Kardamonem (Indyjski Pudding Ryżowy)

SKŁADNIKI:

- 1/2 szklanki ryżu Basmati
- 4 szklanki pełnego mleka
- 1/2 szklanki cukru
- 1/2 łyżeczki kardamonu w proszku
- Pasemka szafranu (opcjonalnie)
- Posiekane orzechy (migdały, pistacje) do dekoracji

INSTRUKCJE:

a) Ryż myjemy i gotujemy w mleku, aż ryż będzie miękki, a masa zgęstnieje.
b) Dodać cukier, mielony kardamon i pasma szafranu. Gotuj, aż kheer osiągnie kremową konsystencję.
c) Udekoruj posiekanymi orzechami i podawaj na ciepło lub schłodzone.

98. Gulab Jamun

SKŁADNIKI:
- 1 szklanka mleka w proszku
- 1/4 szklanki mąki uniwersalnej
- 1/4 szklanki ghee (klarowanego masła)
- Mleko (tyle ile potrzeba do ciasta)
- 1 szklanka cukru
- 1 szklanka wody
- Strąki kardamonu (rozgniecione)
- Pasemka szafranu (opcjonalnie)
- Olej lub ghee do smażenia

INSTRUKCJE:

a) Zmieszaj mleko w proszku, mąkę uniwersalną i ghee, aby z mleka uformować miękkie ciasto.

b) Ciasto podzielić na małe kulki i smażyć na złoty kolor.

c) W osobnym rondelku przygotuj syrop cukrowy z cukru, wody, kardamonu i szafranu.

d) Przed podaniem smażone kulki namoczyć na kilka godzin w syropie cukrowym.

99. Ciasto Masala Chai z przyprawami

SKŁADNIKI:

- 2 filiżanki mąki uniwersalnej
- 1 szklanka cukru
- 1 szklanka jogurtu
- 1/2 szklanki oleju roślinnego
- 1 łyżeczka proszku do pieczenia
- 1/2 łyżeczki sody oczyszczonej
- 1/2 łyżeczki kardamonu w proszku
- 1/2 łyżeczki cynamonu w proszku
- 1/4 łyżeczki imbiru w proszku
- 1/4 łyżeczki goździków w proszku
- Szczypta soli

INSTRUKCJE:

a) Rozgrzej piekarnik do 180°C i natłuść formę do ciasta.
b) W misce wymieszaj wszystkie suche składniki, a w drugiej misce wymieszaj jogurt z olejem.
c) Połącz mokre i suche składniki, dobrze wymieszaj i wlej ciasto do tortownicy.
d) Piec przez 30-35 minut lub do momentu, gdy wbita wykałaczka będzie sucha.
e) Przed podaniem ciasto należy ostudzić.

100.Ciasteczka Chai z przyprawami

SKŁADNIKI:

- 2 szklanki chrupiących płatków ryżowych
- 1 szklanka masła migdałowego
- ½ szklanki miodu
- 1 łyżeczka mieszanki przypraw chai (cynamon, kardamon, imbir, goździki, gałka muszkatołowa)
- 1 łyżeczka ekstraktu waniliowego
- Szczypta soli

INSTRUKCJE:

a) W dużej misce wymieszaj chrupiące płatki ryżowe i mieszankę przypraw chai.

b) W małym rondlu podgrzej masło migdałowe, miód, ekstrakt waniliowy i sól na małym ogniu, mieszając, aż dobrze się połączą.

c) Wlać mieszaninę masła migdałowego na mieszankę płatków zbożowych i przypraw i wymieszać, aż wszystko będzie równomiernie pokryte.

d) Z powstałej masy uformuj ciasteczka lub wyłóż je do wyłożonej papierem formy do pieczenia i pokrój w batoniki.

e) Przechowywać w lodówce przez około 1 godzinę lub do momentu stwardnienia.

WNIOSEK

Kończąc naszą pełną przypraw podróż po „Najlepszej indyjskiej książce kucharskiej Masala Box" mam nadzieję, że Twoja kuchnia stała się kanwą dla żywych barw i aromatycznej symfonii, które definiują kuchnię indyjską. Ta książka kucharska to coś więcej niż zbiór przepisów; to celebracja różnorodnych smaków i bogactwa kulturowego, które czynią kuchnię indyjską światowym skarbem kulinarnym.

Dziękuję, że przyłączyłeś się do mnie w tej eksploracji, od pachnących targowisk przypraw po rozgrzewające serca kuchnie, w których masala tworzy magię. Niech esencja tych aromatycznych przepisów pozostanie w Twoim domu, tworząc nie tylko posiłki, ale także wspomnienia przepełnione duchem Indii.

Delektując się ostatnimi kęsami tych dań, pamiętaj, że pudełko masala to nie tylko pojemnik na przyprawy – to brama do świata kulinarnych możliwości. Miłego gotowania i niech Twoja kuchnia nadal będzie wypełniona ciepłem, aromatami i smakami, które czynią kuchnię indyjską naprawdę wyjątkową. Shukriya (dziękuję) i miłego gotowania!

www.ingramcontent.com/pod-product-compliance
Lightning Source LLC
Chambersburg PA
CBHW071331110526
44591CB00010B/1103